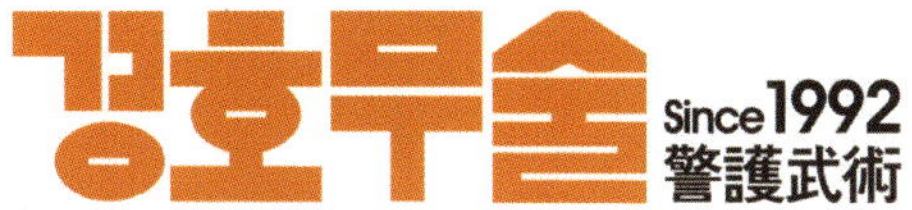

경호무술규정

9

경호무술 Since **1992**
警護武術

경호무술규정

9

경호무술창시자 **장명진** 지음

이담 Books

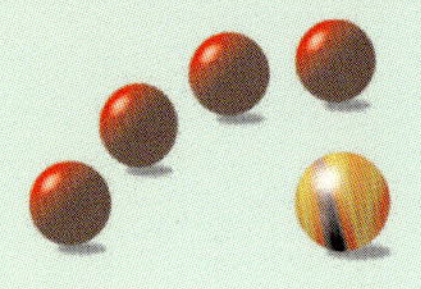

발 간 사

경호무술이란 자신을 포함하여 경호 대상에게 가해져 오는 공격으로부터 신체 및 생명을 보호해주는 **호위호신무술**이다.

경호무술을 창시한 본인은 1986년 군 복무시절 708특공대(경호부대)에서 경호무술에 대한 연구를 시작하였고, 1992년 3월 18일 국내최초로 서울특별시 중랑구 신내동에 경호원을 양성하는 국제경호아카데미를 개원하였다. 이후 1994년부터 2004년까지 『경호무술』, 『경호실무』(개정7권)를 공식 출판했으며, 특히 경호무술에 대한 무적·공법·기법·격투체계에 대하여 체계화와 정형화에 힘써 왔다. 아울러 경호무술에 대한 학문적 이론을 정립하여 체계화하였다. 국제경호아카데미 경호원 양성과정 및 장명진경호무술원과 대학교 등 외부기관에 출강하면서 착안한 경호무술 교육체계에 대하여 연구 표준화한 것을 1996년에 오픈한 사이버 경호무술교실에 구축하였다. 구축한 연구 내용을 정리하여 2004년 경호무술 개정본(본인이 직접 연구, 저술, 시연, 편집, 출판해 1인 5역으로 1,704page, 무게 8kg, 대작완성)으로 발간히였다.

이렇게 연구 출판된 『경호무술』은 각 군 관계부대와 직무에 관련된 정부기관인 경찰청, 경호처, 국정원, 법무부, 국무총리실, 국회 등 관계기관을 포함해 대학의 경호직무 관련(경호, 경찰, 군사, 교도 등) 학과와 경호무술원지도자, 수련자들에게 전공 및 연구교재로서 사용되면서 체계화된 학문적 이론과 과학적인 기술이 널리 알려지게 되었다. 아울러 국민의 여가와 체위 향상에 기여하고 있으며, 새로운 직업 창출에도 이바지하고 있다. 또한 해외보급이 본격화되면서 문화외교 역할을 통한 국위선양과 경제활동을 통한 서비스 산업으로 국익에 크게 기여하고 있다. 이처럼 경호무술은 그동안 최단 기간에 우리의 대중적 무예로 크게 발전해 국가와 사회에 기여하게 되어 창시자로서 매우 기쁘게 생각한다.

무예는 전통적으로 지·덕·체를 교육이념으로 삼아 왔으며, 또한 충효의 근본을 가르치는 역할을 담당하기도 했다. 무예를 가장 큰 교육이념으로 여겼던 나라는 동서양을 막론하고 대부분 부국강병을 성공적으로 이루어 오늘날 군사 및 경제 대국이 되었다. 세계사에서 부국강병을 이루게 된 대표적인 나라들로 영국과 일본을 주목하고 있다. 이들 나라의 공통점은 그 나라를 대표하는 무인정신을 꼽는다. 영국은 기사도정신 그리고 일본은 사무라이정신이 바로 그것이다. 이 같은 정신을 무사도 정신이라고 말하기도 한다. 중국 또한 무예를 신(神)이라 부를 만큼 신성시해 왔으며, 무예인들이 인격 도야에 정진하면서 무예인을 도사라 칭하기도 했다. 이처럼 무예는 정치, 경제, 사회, 문화를 초월하는 보이지 않는 강력한 힘으로 다양한 가치를 재창조하는 에너지 원천과 같아 오늘날 첨단과학이 지배하고 있는 21세기가 된 지금도 세계 각국은 무예를 다양한 각도에서 연구하고 활용방안을 모색하고 있다. 많은 나라가 무예를 학교 체육 정규과목으로 채택해 교육을 강화하고 있으며, 문화 자원화 차원에서 무예에 대한 지식재산권을 확보하는 데도 힘을 쏟고 있다.

이 같은 변화에서 다소 늦은 감은 있으나 우리나라에서도 2008년 전통무예진흥법이 만들어진 점에 대하여 매우 다행스럽게 생각하며, 경호무술이 향후 국민의 건강 및 문화 생활향상과 더불어 안전하고 행복한 삶을 추구하는 무술로서 한국을 대표하는 무예로서 세계화되기를 바란다. 끝으로 2011년 경호무술 책이 분권 출판되게 도와주신 한국학술정보(주) 사장님 및 관계자와 우리 가족 모두에게 깊이 감사한다.

경호무술창시자 장명진 약력

- 사단법인 한국경호무술진흥회 회장
- 전통무예원류적통자 모임 간사
- 장명진경호무술원 총원장
- 국무총리실 국가재난관리본부 자문위원
- 초당대학교 경호학과(경호무술) 겸임교수
- 고려대학교 사범대학원 석사과정(경호무술) 강사
- 선문대학교 무도학과, 충청대학 태권도학과(경호무술) 강사
- 국립경찰대학 수사보안연수소(인질협상/경호전략) 강사
- 중국연길시공안국 보안전문대학교 명예교수
- 한서대학교, 서일대학 사회교육원 경호학과(경호무술) 강사
- KBS아카데미 경호원 양성과정(경호무술) 강사
- 사단법인 한국무예포럼 운영위원
- 주식회사 탐경(경호회사) 대표이사
- 국제경호아카데미 원장
- 국제경호협회 회장
- 한국안전교육학회, 한국경호경비학회 운영위원
- 사단법인 한국경비협회 신변보호분과 운영위원
- 사단법인 한국직능단체총연합회 상임부회장
- 제10기 민주평화통일 자문위원(대통령)회 자문위원
- 윗몸일으키기(14,824회) 기네스 기록보유(1990년)
- 『경호무술』, 『경호실무』 저술(개정7권, 1994년~2011년)
- 『경호직무능력표준』, 『경호자격규정집』(2004년~2005년)
- 「경호산업문제분석과 발전방안에 관한 연구」외 다수
- 대통령표창(2002년), 국무총리표창(2007년)

[무술입문 및 경호무술 창시 보급]

7세에 무예에 입문하여 태권도, 태껸, 합기도, 쿵후 등을 수련하고 경호무술을 창시하는 등 40여 년간 무공을 쌓았다. 1986년 708특공대(경호부대) 복무 중 경호무술 연구를 시작해 1992년 정립한 경호무술을 국내최초로 설립된 국제경호아카데미에서 경호원양성 교육과정으로 지도하기 시작했다. 이후 대학(교) 경호무술학과 및 경호학과 그리고 유관학과에 보급하였다. 1996년 국내최초로 인터넷 경호무술강좌를 시작하였으며, 초·중·고등학생 및 일반인을 대상으로 경호무술원을 개원하여 전국에 보급하고 있다. 중국·미국·남미지역에 해외지부를 두고 세계화 중에 있으며 국내외 주요 방송매체를 통해 그게 주목받고 있다.

목차

경호무술 창시기원과 역사

제 9 권 경호무술규정

8. 창시자 유관기관 활동

1996	사단법인한국경비협회 신변보호분과	운영위원
1996	한서대학교 사회교육원 비서경호학과	강사(경호무술/경호실무)
1996	사단법인한국경호경비학회	운영위원
1996	중국연길시 공안국 보안전문대학	명예교수
1996	한국시큐리티산업경영학회	운영위원
1997	KBS아카데미	강사(경호무술/경호실무)
1997	서일대학교 사회교육원 경호학과	강사(경호무술/경호실무)
1997	사단법인한국경비학회	부회장
1997	사단법인철인3종경기본부	이사
1998	사단법인한국직능단체총연합회	상임부회장
1998	월간보디가드	편집위원
1999	한국안전교육학회	이사
1999	선문대학교 무도학과	외래교수(경호무술/경호실무)
1999	충청대학 태권도학과	강사(경호무술/경호실무)
2000	고려대학교 사범대학원(석사과정)	강사(경호무술)
2000	대구미래대학 경찰행정과	강사(경호무술/경호실무)
2001	제10기 민주평화통일자문위원회	자문위원
2002	UN평화지도자연합회	이사
2003	국립경찰대학 수사보안연수소	외래강사(경호무술/경호전략)
2008	경찰청수사연수원	강사(경호무술)
2004	한국협상학회	회원
2005	국무총리실 국가재난관리본부	자문위원
2006	초당대학교 경호비서학과	겸임교수(경호무술/경호실무)
2008	한국무예포럼	회원
2009	전통무예원류적통자모임	간사
2009	한국표준협회	자문위원
2010	한국산업교육원	강사

9. 경호무술과 창시자 백과사전 등재문

2005 2.17 두산대백과사전(엔사이버) 창시자와 경호무술 사전 등재

2005 4. 2 네이버 백과사전 창시자와 경호무술 사전 등재

2006 2. 1 파스칼 세계대백과사전 창시자와 경호무술 사전 등재

2006 2.12 야후 백과사전 창시자와 경호무술 사전 등재

2006 3. 3 파란 백과사전 창시자와 경호무술 사전 등재

2006 4.12 브리태니커 백과사전 경호무술 사전 등재(창시자 저술 경호무술책전문 인용)

2006 5. 6 다음 백과사전 창시자와 경호무술 사전 등재

2008 4.28 위키 백과사전 창시자와 경호무술 사전 등재

2008 5. 3 네이트 백과사전 창시자와 경호무술 사전 등재

2008 5.28 위키 인물백과사전 창시자 사전 등재

2008 7.21 위키 백과사전 낱말사전 경호무술 등재

2009 11.11 네이버, 네이트에서 한국경호무술진흥회 키워드 바로가기 등재

2010 9. 7 위키 백과사전 전통무예원류적통자명칭 사전 등재

10. 창시자 인터넷 홈페이지 구축

1996 6. 7 국제경호아카데미(홈페이지 http://www.ibga.co.kr)

1998 2.10 주식회사 탐경(홈페이지 http://www.tamkyung.co.kr)

2002 7.10 장명진경호무술원(홈페이지 http://www.jmjmoosul.co.kr)

2002 10. 1 시큐리티잡114(홈페이지 htpp://www.securityjob114.co.kr)

2008 8.30 사단법인 한국경호무술진흥회로 변경(홈페이지 http://www.jmjmoosul.co.kr)

※ 개설된 홈페이지 현 운영 중

정 관

1. 정 관

제1장 총 칙

제1조 (명칭) 이 본회는 "사단법인 한국경호무술진흥회"(이하 "본회"라 한다)라 하고 영문으로는 "Kyung_ho_moosul Promotion Association"(약칭 "K P A")라 한다.

제2조 (목적) 본회는 경호무술을 통하여 전통무예진흥에 힘쓰며, 국민의 건강 및 문화생활향상과 더불어 보다 안전하고 행복한 삶을 영위 하도록 하는데 그 목적이 있다.

제3조 (사무소의 소재지) 본회의 주사무소는 서울특별시에 두고, 필요한 곳에 총회의결을 걸쳐 주무관청의 허가를 받아 지부 및 지회를 설치 할 수 있다.

제4조 (사업) 본회는 제2조의 목적을 달성하기 위하여 다음 각 호의사업을 수행한다.
1. 경호무술을 통한 전통무예진흥에 관한 사업.
2. 경호무술지도자교육 및 양성에 관한 사업.
3. 경호무술보급 및 산학협력촉진에 관한 사업.
4. 경호무술 학술세미나 및 연수교육에 관한 사업.
5. 무술교류협력 및 대회개최에 관한 사업.
6. 경호유관기관과의 자격인증교류협력에 관한 사업.
7. 경호무술을 통한 청소년 선도와 학원폭력예방에 관한 사업

제2장 회 원

제5조 (회원의 자격) 본회의 회원은 본회의 설립취지에 찬동하고 소정의 입회신청서를 제출한자 로 한다.

제6조 (회원의 구분) 회원은 다음과 같이 구분한다.

1. 정 회 원 : 경호무술 지도자 자격이 있다고 본회로부터 인정받은 자.

2. 준 회 원 : 경호무술 유단자로 본회로부터 인정받은 자.

3. 일반회원 : 경호무술을 수련하기 위해 본회인증기관에 등록을 마친 자.

4. 특별회원 : 유관기관, 후원하는 단체 및 기관

5. 명예회원 : 본회에 크게 이바지한 공로가 인정되는 자

제7조 (회원의 의무) 회원은 다음 각 호의 의무를 진다.

1. 본회의 정관 및 제 규정의 준수

2. 총회 및 이사회의 결의사항 이행

3. 회비 및 제 부담금의 납부

제8조 (회원의 탈퇴와 제명)

① 회원은 본인의 의사에 따라 회원탈퇴 서를 제출함으로써 자유롭게 탈퇴 할 수 있다.

② 회원이 본회의 명예를 손상시키거나 목적 수행에 지장을 초래한 경우 또는 1년 이상 회원의 의무를 준수하지 않은 경우에는 총회의 결의를 거쳐 제명할 수 있다.

제9조 (대의원 구성) 대의원구성은 본회의 임원과 정회원 중 지부장과 분과위원회 각위원장으로 구성하고 전수자로 임명된 자가 지명하는 1인의 대의원을 추천하기로 하되 이사회 의결로 임명 한다. 다만, 대의원의수, 임기 등 필요한 규정은 이사회에서 따로 규정한다.

제3장 임 원

제10조 (임원의 종류 및 정수)

① 본회는 다음의 임원을 둔다.

   1. 대표이사 1인

   2. 이사 5인(대표이사포함)

   3. 감사 1인

② 본회는 본 회의 임원 외에 본 회 발전을 위하여 명예총재, 명예회장, 고문, 후원회장을 추대하고 자문위원, 운영위원, 연구위원을 위촉 할 수 있다.

제11조 (임원의 선임)

① 본회의 임원은 총회에서 선출한다.

② 대표이사는 이사 중에서 호선한다.

③ 임기가 만료된 임원은 임기만료 2월 이내에 후임자를 선출하여야 하며, 임원이 궐위된 경우에는 궐위된 날로부터 2월 이내에 후임자를 선출하여야 한다.

④ 이 법인의 설립당초임원은 당연직 임원으로 한다.

⑤ 임원선출이 있을 때에는 임원선출이 있는 날로부터 3주 이내에 관할법원에 등기를 필한 후 주무관청에게 통보하여야 한다.

제12조 (임원의 해임) 임원이 다음 각 호의 1에 해당하는 행위를 한 때에는 총회의 의결을 거쳐 해임할 수 있다.

1. 본회의 목적에 위배되는 행위

2. 임원간의 분쟁·회계부정 또는 현저한 부당행위

3. 본회의 업무를 방해하는 행위

제13조 (임원의 선임제한)

① 이사는 민법 제777조(친족의 범위)에 규정된 친족관계에 있는 자가 이사의 정수의 반을 초과할 수 없다.

② 감사는 임원상호간에 민법 제777조(친족의 범위)에 규정된 친족관계에 있는 자는 취임할 수 없다.

제14조 (임원의 임기)

① 임원의 임기는 5년으로 한다. 다만 최초 임원의 반수의 임기는 그 반에 해당하는 기간으로 한다.

② 보선임원의 임기는 전임자의 잔임 기간으로 한다. 다만, 임원은 임기만료 후라도 후임자가 취임할 때까지는 임원으로 직무를 수행한다.

제15조 (임원의 직무)

① 대표이사는 본회를 대표하고 본회의 업무를 통할하며, 총회 및 이사회의 의장이 된다.

② 이사는 이사회에 출석하여 본회의 업무에 관한 사항을 의결하며 이사회 또는 대표이사로부터 위임받은 사항을 처리한다.

③ 감사는 다음의 직무를 수행한다.

1. 본회의 재산상황을 감사하는 일

2. 총회 및 이사회의 운영과 그 업무에 관한 사항을 감사하는 일

3. 제1호 및 제2호의 감사결과 부정 또는 부당한 점이 있음을 발견한 때에는 이사회 또는 총회에 그 시정을 요구하고 주무관청에게 보고하는 일

4. 제3호의 시정요구 및 보고를 하기 위하여 필요한 때에는 총회 또는 이사회의 소집을 요구하는 일

5. 본회의 재산상황과 업무에 관하여 총회 및 이사회 또는 대표이사에게 의견을 진술하는 일

④ 기타 임원의 권리에 관한 세부사항은 총회에서 별도의 규정으로 정한다.

제4장 총 회

제16조 (총회의구성) 총회는 본회의 최고의결기관으로 본회의 임원과 대의원으로 구성한다.

제17조 (총회의 구분과 소집)

① 총회는 정기총회와 임시총회로 구분하며, 대표이사가 이를 소집한다.

② 정기총회는 매 회계연도 개시 1월 전까지 소집하여, 임시총회는 대표이사가 필요하다고 인정할 때에 소집한다.

③ 총회의 소집은 대표이사가 회의안건·일시·장소 등을 명기하여 회의 개시 7일전까지 문서로 각 대의원에게 통지하여야 한다.

제18조 (총회소집의 특례)

① 대표이사는 다음 각호의 1에 해당하는 소집요구가 있을 때에는 그 소집요구일로부터 20일 이내에 총회를 소집하여야 한다.

   1. 재적이사 과반수가 회의의 목적을 제시하여 소집을 요구한 때

   2. 제16조제3항제4호의 규정에 의하여 감사가 소집을 요구한 때

   3. 재적대의원 3분의 1이상이 회의의 목적을 제시하여 소집을 요구한 때

② 총회 소집권자가 궐위되거나 이를 기피함으로써 7일이상 총회소집이 불가능한 때에는 재적이사 과반수 또는 재적대의원 3분의 1이상의 찬성으로 총회를 소집할 수 있다.

③ 제2항의 규정에 의한 총회는 출석이사 중 최연장자의 사회아래 그 의장을 선출한다.

제19조 (총회의 의결사항) 총회는 다음의 사항을 의결한다.

1. 임원의 선출 및 해임에 관한 사항

2. 본회의 해산 및 정관변경에 관한 사항

3. 기본재산의 처분 및 취득과 자금의 차임에 관한 사항

4. 예산 및 결산의 승인

5. 사업계획의 승인

6. 내부 규정에 관한 승인

7. 지부 및 해외대표부 설치에 관한 승인

8. 기타 중요사항

제20조 (의결정족수) 총회는 정관에서 정하는 사항을 제외하고는 재적대의원 과반수 출석으로 개회하고 출석대의원 과반수의 찬성으로 의결한다.

제21조 (의결제척사유) 대의원이 다음 각호의 1에 해당하는 때에는 그 의결에 참여하지 못한다.

1. 임원의 선출 및 해임에 있어 자신에 관한 사항을 의결할 때

2. 금전 및 재산의 수수 또는 소송 등에 관련되는 사항으로서 자신과 본회의 이해 가상반될 때

제5장 이사회

제22조 (이사회의 구성) 이사회는 대표이사, 이사로 구성한다.

제23조 (이사회의 소집)

① 이사회는 정기이사회와 임시이사회로 구분한다.

② 정기이사회는 년2회 개최하고 임시이사회는 감사 또는 이사의 3분의 1이상의 요청이 있거나 대표이사가 필요하다고 인정하는 때에 소집한다.

③ 대표이사는 이사회를 소집하고자 할 때에는 회의개최 7일전까지 이사 및 감사에게 회의의 목적과 안건, 개최일시 및 장소를 통지하여야 한다. 다만, 긴급하다고 인정되는 정당한 사유가 있을 때에는 그러하지 아니한다.

제24조 (이사회의 의결사항) 이사회는 다음의 사항을 심의·의결한다.

1. 업무집행에 관한 사항

2. 사업계획의 운영에 관한 사항

3. 예산·결산서의 작성에 관한 사항

4. 정관변경 안에 관한 사항

5. 재산관리에 관한 사항

6. 대의원선정에 관한 사항

7. 총회에 부의할 안건의 작성

8. 총회에서 위임받은 사항

9. 정관의 규정에 의하여 그 권한에 속하는 사항

10. 규칙의 제정, 변경, 폐지에 관한 사항

11. 지부 및 지회와 해외대표부 설치에 관한 의결 사항

12. 기타 본회의 운영상 중요하다고 대표이사가 부의하는 사항

제25조 (의결정족수) 이사회는 재적이사 과반수의 출석으로 개회하고 출석이사 과반수의 찬성으로 의결한다.

제26조 (서면결의)

① 대표이사는 이사회에 부의할 사항 중 경미한 사항 또는 긴급을 요하는 사항에 관하여는 이를 서면으로 의결할 수 있다. 이 경우에 대표이사는 그 결과를 차기 이사회에 보고하여야 한다.

② 제1항의 서면결의 사항에 대하여 재적이사 과반수가 이사회에 부의 할 것을 요구하는 때에는 대표이사는 이에 따라야 한다.

제6장 재산과 회계

제27조 (재산의 구분) 본회의 재산은 다음 각 호로 구분하여 운용한다.

1. 기본재산은 본회 설립시 그 설립자가 출연한 재산과 이사회에서 기본재산으로 정한 재산 및 창립 후원금으로 하며, 그 목록은 별지1과 같다.

2. 보통재산은 기본재산 이외의 재산으로 한다.

제28조 (재산의 관리)

① 본회의 기본재산을 매도, 증여, 임대, 교환하거나 담보제공 또는 용도 등을 변경하고자 할 때 또는 의무의 부담이나 권리를 포기하고자 할 때는 총회의 의결을 거쳐야 한다.

② 기본재산의 변경에 관하여는 정관변경에 관한 규정을 준용한다.

제29조 (재원)

① 본회의 유지 및 운영에 필요한 경비의 재원은 다음과 같다.

   1. 회비

   2. 정부 및 지방자치단체보조금

   3. 각종 기부금

   4. 사업 수익금

   5. 기타 수입금

② 본회가 예산외의 채무부담을 하고자 할 때에는 총회의 의결을 거쳐 주무관청의 승인을 받아야 한다.

제30조 (회계년도) 본회의 회계연도는 정부의 회계연도에 따른다.

제31조 (예산편성 및 결산)

① 본회는 회계연도 1월 전에 사업계획 및 예산안을 이사회의 의결을 거쳐 총회의 승인을 얻는다. 다만, 국고부담이 수반되는 사업은 사전에 주무관청의 승인을 받아야 한다.

② 본회는 사업실적 및 결산내용을 당해 회계연도 종료 후 2월 이내에 이사회의 이결을 거쳐 총회의

승인을 얻는다.

제32조 (회계감사) 감사는 회계감사를 년1회 이상 실시하여야 한다.

제33조 (임원 및 사무원보수) 활동비 및 보수에 관한 사항은 이사회에서 따로 정한다.

제34조 (차입금)
본회가 예산외의 의무부담이나 자금의 차입을 하고자 할 때에는 이사회의 의결을 거쳐야 한다.

제7장 사무부서

제35조 (사무총국)
① 대표이사의 지시를 받아 본회의 사무를 처리하기 위하여 사무총국을 둔다.
② 사무총국에 사무총장 1인과 필요한 직원을 둘 수 있다.
③ 사무총장은 대표이사가 임명하고, 사무총국을 관장한다. 단, 이사를 겸직하고자 할 때에는 이사 선임절차에 따른다.
④ 사무총국의 조직 및 운영에 관한 사항은 이사회의 의결을 거쳐 별도로 정한다.

제36조 (지부 및 지회의 사무국)
① 대표이사의 지시를 받아 본회의 사무를 지역에서 처리하기 위하여 지부 및 지회에 사무국을 둘 수 있다.
② 사무국에 사무국장 1인과 필요한 직원을 둘 수 있다.
③ 사무국장은 지부장의 추천으로 대표이사가 임명하고, 사무국을 관장한다.
④ 사무국의 조직 및 운영에 관한 사항은 이사회의 의결을 거쳐 별도로 정한다.

제8장 보 칙

제37조 (본회해산 및 잔여재산) 본회를 해산하고자 할 때에는 총회에서 재적회원 4분의3이상의 찬성으로 의결하여 주무관청에게 허가 받아야 하며, 잔여재산은 총회의 의결을 거쳐 국가·지방자치단체 또는 주무관청의 허가를 받아 본회와 유사한 목적을 가진 다른 비영리법인에게 기증한다.

제38조 (정관변경) 이 정관을 변경하고자 할 때에는 총회에서 재적회원 3분의 2이상의 찬성으로 의

결하여 주무관청의 허가를 받아야 한다.

제39조 (업무보고) 익년도의 사업계획서 및 예산서와 당해연도 사업실적서 및 수지결산서는 회계연도 종료 후 2월 이내에 주무관청에게 보고하여야 한다. 이 경우 재산목록과 업무현황 및 감사결과 보고서도 함께 제출하여야 한다.

제40조 (준용규정) 이 정관에 규정되지 아니한 사항은 민법 중 사단법인에 관한 규정과 문화체육관광부 및 문화재청소관비영리법인설립및감독에관한규칙 및 전통무예진흥법을 준용한다

제41조 (규칙제정) 이 정관이 정한 것 외에 본회의 운영에 관여 필요한 사항은 총회의 의결을 거쳐 규칙으로 정한다.

제42조 (분과 위원회설치)
① 이 정관이 정한 것 외에 본회의 운영에 관하여 필요한 분과위원회는 이사회의 의결을 거쳐 총회에서 승인을 받아 설치한다.
② 총회의 승인을 받아 설치된 위원회의 구성 및 운영 등에 관한 세부사항은 이사회에서 별도의 규칙으로 정한다.

제43조 (위임사업) 본회의 필요한 사업중 경호무술 창시자에게 그 권리가 있는 사업에 대해서는 창시자로부터 그 권한을 위임받아 시행한다.

제44조 (모금 및 실적공개) 법인에 기부된 모금액과 실적 및 활동사항은 인터넷을 통해 공개한다.

부 칙

① (시행일) 이 정관은 주무관청이 허가한 날로부터 시행한다.

지부 및 지회와
해외대표부 승인 및 운영규정

2. 지부 및 지회와 해외대표부
승인 및 운영규정

제1장 총 칙

제1조 (목적)

본 규정은 한국경호무술진흥회(이하"본회"라 칭한다)정관 제36조에 의거 본회 지부 및 지회 와 해외대표부(해외대표부 지부 및 지회포함)의 조직 및 운영에 관한 기본 사항을 규정함을 목적으로 한다.

제2조 (소재지)

각 지부 및 지회의 사무소는 각 시,도청 및 시, 군, 구 소재지에 두는 것을 원칙으로 하며. 해외대표부 또한 이를 준용한다.

제3조 (지부 및 지회와 해외대표부 명칭 및 구성)

지부 및 지회 와 해외대표부는 다음과 같이 구분 한다.

1. 각 시, 도 지부 및 지회는 각 시, 도 및 시, 군, 구 단위를 표시하는 독자적인 명칭을 사용한다.

2. 지부는 특별 · 광역시, 도, 제주특별자치도 등에 설치 운영한다. 단, 필요한 경우 복수의지부를 둘 수 있다.

3. 지회는 시, 군, 구 등에 설치 운영 한다.

4. 해외대표부는 해당국의 국명을 사용한 대표부를 두고 지부 및 지회를 설치 운영한다.

5. 대륙별로 조직을 구성 할 필요가 있는 경우에는 별도 규정에 의한다.

제4조 (지부 및 지회와 해외대표부 승인기준)

지부 · 지회승인은 다음과 같은 요건을 갖추어 신청하여야한다

1. 각 시.도지부는 5개 이상의 지회를 갖추거나 또는 상시회원 5천명 이상의 수련생이 유지되어야한다

2. 각 지회는 5개이상의 수련원 또는 상시 수련생이 5백명이 유지되어야한다

3. 1.2항 규정에 불구하고 특별한 사유가 있는 경우에는 3년 기간에 한하여 가승인 신청할 수 있다

4. 1.2항 규정에 불구하고 지도자양성과정을 운영하는 수련원은 위항에 불구하고 승인신청할 수 있다

5. 해외대표부는 위항에 불구하고 승인할 수 있다.

제2장 권리와 의무

제5조 (지부 및 지회와 해외대표부 권리)
① 총회에 대의원을 선출, 파견하여 발언권 및 의결권을 갖는다. 단, 대의원의 구성은 본회 정관규정 제9조 규정에 의한다.
② 본회에 대하여 건의 및 소청 할 수 있다.
③ 본회가 주최, 주관 및 승인하는 사업에 참가할 수 있다.
④ 본회가 승인하는 사업을 주최, 주관 및 후원할 수 있다.

제6조 (지부 및 지회 와 해외대표부 의무)
① 본회의 제 규정 및 의결된 지시 사항을 준수 하여야한다.
② 각 지부·지회는 사업계획서, 예산서, 전년도사업보고서 및 결산서를 당해 지부·지회 정기총회 종료후 10일 이내에 본회에 제출하여 승인을 받아야 한다. 단, 해외대표부, 지부·지회는 별도의 규정에 의한다.
③ 기타 조직, 정원, 각종규정의 변동이 발생할 경우 본회에 보고하여 승인을 받아야 한다.

제3장 임원

제7조 (임원의 종류 및 정수)
① 지부의 임원의 종류 및 정수는 다음 각 호와 같다. 다만 해외대표부는 별도의 규정에 의한다.
　　1. 지부장 1인
　　2. 부지부장 1인 이상
　　3. 이사 5인(지부장, 부지부장 포함) 이상
　　4. 감사 2인 이하
② 지회의 임원의 종류 및 정수는 다음 각호와 같다.
　　1. 지회장 1인
　　2. 부지회장 1인 이상
　　3. 이사 5인(지부장, 부지부장 포함) 이상
　　4. 감사 2인 이하

제8조 (사무국)

　지부 및 지회와 해외 대표부는 사무국에는 사무국장 1인과 필요한 직원을 둘 수 있으며, 사무국장은 지회장의 추천으로 본회회장이 임명하고, 사무국을 관장한다.

제9조 (임원의 선임 및 임기 등)

　임원의 선임, 해임, 보선 및 임기, 직무는 본회 정관에 규정된 바에 준한다.

제4장 대의원총회 및 이사회

제10조 (대의원총회)

① 지부 및 지회와 해외 대표부는 대의원총회는 본회정관에 규정된 바에 준한다.

① 대의원의수 임기 등에 필요한 규정은 본회의 승인을 받아야 한다.

제11조 (이사회)

이사회는 본회의 정관에 규정된 바에 준한다.

제5장 부 칙

제12조 (보칙)

① 본 규정에 규정되지 아니한 사항으로 본회 정관 및 기타 규정을 준용 할 수 없는 것은 본회에서 별도 지시한다.

② 해외 대표부 및 지부·지회는 본회 정관 및 기타 규정을 준용하고 준용 할 수 없는 것은 본회에서 별도 지시한다.

제13조 (시행) 본 규정은 이사회의 승인을 얻은 날로 부터 시행한다.

승급 및 승단 심사기준

6. 승급 및 승단 심사기준

1) 유급자 심사기준

10급 · 9급(승급심사 기준)

구분	준비수련법	전환선법	기초수련법	호위발차기법	호위호신술법
	5점	5점	5점	5점	5점
10급 (4개항)	● 단전호흡법 3가지 – 무중물체떠밀어주기 – 배젓기 – 전환단전호흡법		[공방자세] ● 공방손(팔)견제자세 – 정권자세 – 수도자세 – 정도자세 – 도정자세 ● 공방팔(다리)서기자세 – 평서기 – 무릎 반 평서기 – 무릎 평서기 – 앞서기(굽) – 뒤굽서기(반) – 전교자세	● 하단발차기(기본) – 1번 ～ 11번 예) – 족기지르기 – 족기차돌리기 – 발끝찍기 – 내서외로발끝찍기 – 뒤꿈치대각내려찍어 　차기 – 앞차기 – 옆차기(뒤꿈치걸어돌 　려차기) – 족도차돌리기 – 뒤차기(뒤꿈치걸어돌 　려차기)	● 한 손목 잡혔을 때 해제술 ● 기본13수 예) – 1번 – 3번 – 5번 – 7번 – 9번
9급 (5개항)	● 단전호흡법 3가지 – 무중물체떠밀어주기 – 배젓기 – 전환단전호흡법 ● 오뚜기식후방낙선법 ● 막잡당전환법 ● 해제법전환법	● 평교 ● 평교 앞(뒤)전환 ● 평전(후) ● 평전(후)교 A,B ● 평좌(우)교 A,B ● 대각평전(후)	● 수팔막기자세(일수, 　양수, 교차) ※ 무릎반평서기자세에 　서 (단식, 복식, 연결) 　– 상단막기 　– 중단막기 　– 하단막기 　– 아래막기	● 하단복식발차기 – 복식발차기 – 혼용 복식발차기 – 이방전측 복식발차기 　(1번～11번 중 지정)	● 한손목잡혔을때 혼용/ 　응용 해제술(1번～13번) 예) 1번～2번, 3번～5번 　1번서부터 7번 ● 한손목 엇갈려 잡혔을 　때 해제술(기본/ 혼용/ 　응용) ● 한손목 양수로 잡혔을 　때 해제술(기본/ 혼용/ 　응용)

8급 · 7급(승급심사 기준)

구분	준비수련법 5점	전환선법 5점	기초수련법 5점	호위권무형법 5점	호위발차기법 5점	호위호신술법 5점
8급 (5개항)	• 준비 수련법 24가지 예) – 단전호흡법 3가지 – 막잡당전환법 – 다리 X자 벌리기 – 오뚜기식후방낙선법 – 해제법전환법	• 평교 • 평전(후) • 평선(A,B) – 반 앞(뒤)전환 – 반원 앞전환(A,B) – 반원 뒤전환 – 앞 반 앞(뒤)전환 – 앞 반원 앞전환 – 앞 반원 뒤전환 A, B – 반원 바꿔 앞전환 – 앞 반원 바꿔 앞전환	• 치기자세(A형, B형) 무릎반평서기자세에서(단식, 복식, 연결) – 정권치기 평정권. 세정권 배정권. 쥔정권 – 수도치기 평수도. 배수도 세수도. 상세수도 삼각세수도		• 하단좌우복식발차기 – 좌우복식 발차기 – 좌우혼용 발차기 – 좌우 이방전측 복식 발차기 (1번~11번 중 지정)	• 기본호신술(손목) – 1번~7번 중 지정 예) – 2번 – 4번 – 6번 – 7번
7급 (5개항)		• 전환법 • 전환선법 • 전진전환선법 • 좌우전진전환선법	• 막기자세 공방자세에서(단식, 복식, 연결) – 일수 막기 – 양수 막기 – 양수 교차막기 • 치기자세(A형, B형) 공방자세에서(단식, 복식, 연결) – 정권치기 – 수도치기(관)	• 기본권법 – 1번~9번중 지정 예) – 2번 – 4번 – 6번 – 7번	• 기본 단식발차기 –1번~10번중 지정 예) – 뒤꿈치 차올리기 – 뒤꿈치 대각내려 찍어 차기 – 발끝찍기 – 내서외로발끝찍기 – 뒤꿈치 걷어돌려 차기 – 앞발옆차기	• 기본호신술(손목) – 8번~15번 중 지정 예) – 8번 – 9번 – 11번 – 14번

6급 · 5급(승급심사 기준)

구분	전환선법 5점	기초수련법 5점	호위권무형법 5점	호위발차기법 5점	호위낙선법 5점	호위호신술법 5점	개인특기술법 10점
6급 (5개항)	• 사방전환법 (A, B, C 형)	• 막고 치기자세 예) – 상단막고 정권치기 – 중단막고 수도치기 – 하단막고 수팔치기 – 아래막고 수도치기	• 전방(평전)권법 – 기본1번~8번 중 지정 예) – 2번 – 4번 – 6번 – 7번	• 복식발차기(18가지) 예) – 뒤꿈치 차올리기 – 안다리 돌려차기 – 뒤꿈치대각내려찍어차기 – 내서외로돌려차기 – 옆차기 – 앞발옆차기 – 뒤차기 – 서서돌려차기 – 뒤꿈치대각올려차기	• 낙법(양수. 일수) 무릎앉아서 – 전방낙법 – 후방낙법 – 측방낙법	• 기본호신술 15수 기본/응용 예) – 1번 – 5번 – 9번 – 13번. 혼용 예) – 1번~6번 – 5번~6번 – 9번~4번	

구분	전환선법	기초수련법	호위권무형법	호위발차기법	호위낙선법	호위호신술법	개인특기술법
	5점	5점	5점	5점	5점	5점	10점
5급 (4개항) 특선택	• 사방전환선법 　(A, B, C 형)	• 막고 차기자세 예) – 상단막고 앞차기 – 중단막고 옆차기 – 하단막고 앞차기 – 아래막고 옆차기	• 전진복식권법 예) – 1번 – 3번 – 5번 – 7번 – 8번	• 혼용복식발차기 예) – 1번~2번 – 3번~5번 – 2번~3번 – 3번~1번 – 1번~3번 – 3번~10번 – 1번~13번 – 14번~3번 – 16번~6번 – 18번~3번 (하단발차기 혼용)	• 낙법(양수. 일수) 서서 – 전방낙법 – 후방낙법 – 측방낙법	• 중팔잡혔을때 기본/응용 예) – 2번 – 4번 – 7번 – 9번 혼용 예) – 2번~6번 – 5번~6번 – 7번~4번	

4급 · 3급(승급심사 기준)

구분	기초수련법	호위권무형법	호위발차기법	호위낙선법	호위호신술법	개인특기술법
	5점	5점	5점	5점	5점	10점
4급 (4개항) 특선택	• 전환선법 막기 – 일수 막기 – 양수 막기 – 양수 교차막기 • 전환선법 치기 – 정권 치기(연결) – 수도 치기(연결)	• 혼용전진복식권법 예) – 1번~2번 – 2번~4번 – 1번~5번 – 7번~5번 – 5번~7번	• 좌우복식발차기 예) – 바깥다리돌려차기 – 발끝찍어차기 – 옆차기 – 뒤꿈치 원그려돌 　려차기 – 족장밀어차기 – 뒤차기 – 서서돌려차기 – 발등반달내려찍어 　차기	• 낙법(일수, 양수) – 전방낙법 – 후방낙법 – 측방낙법	• 어깨 잡혔을 때 기본/응용 – 1번 – 2번 – 5번 – 8번 혼용 – 1번~3번 – 2번~4번 – 1번~5번 – 4번~5번 – 5번~9번	• 호위권무형법 • 호위발차기법 • 호위낙선법 • 호위호신술법 – 기타
3급 (4개항) 특선택	• 전환선법 막고치기 예) – 일수 막고 정권치기 – 양수 막고 수도치기 – 양수 교차막고 정권 　치기	• 좌우전진복식권법 • 혼용좌우전진복 　식권법 예) – 1번~2번 – 2번~3번 – 7번~4번 – 4번~5번	• 좌우혼용 복식발 　차기 예) – 1번~2번 – 3번~5번 – 2번~3번 – 3번~1번 – 1번~3번 – 3번~10번 – 1번~13번 – 14번~3번 – 16번~6번 – 18번~3번 (하단발차기 혼용)	• 선법(일수, 양수. 무수) – 전방선법 – 후방선법 – 측방선법 – 역선법	• 머리 잡혔을 때 기본/응용 – 2번 – 3번 – 4번 – 13번 혼용 – 3번~3번 – 3번~4번 – 6번~5번 – 4번~5번 – 7번~9번	• 호위권무형법 • 호위발차기법 • 호위낙선법 • 호위호신술법 – 기타

2급 · 1급(승급심사 기준)

구분	호위권무형법 5점	호위발차기법 5점	호위낙선법 5점	호위호신술법 5점	호위대련법 5점	개인특기술법 10점
2급 (5개항) 특선택	●좌우전후복식권법 ●혼용좌우전후복식권법 예) - 1번~2번 - 2번~3번 - 4번~5번 - 5번~4번	●이방(전측)복식발차기 예) - 바깥다리돌려차기 - 발끝찍어차기 - 옆차기 - 뒤꿈치 원그려돌려차기 - 족장밀어차기 - 뒤차기 - 서서돌려차기 - 발등반달내려찍어차기	●역선법 ●낙선법(일족.양족) - 전방낙선법 - 후방낙선법 - 측방낙선법 (일수법/양수법/무수법)	●멱살 잡혔을 때 기본/응용 - 1번 - 3번 - 5번 - 12번 혼용 - 2번~6번 - 1번~7번 - 5번~6번 - 4번~5번	●방어대련법 예) - 기본막기(일수, 양수) - 전환선법 피하기 - 전환선법 막기	●호위권무형법 ●호위발차기법 ●호위낙선법 ●호위호신술법 - 무기술
1급 (5개항) 특선택	●4방 혼용 권법 예) - 1번 - 3번 - 5번 - 9번 ※ 1단 승단 ●유급 전 과정 ●혼용4방 권법 ●9번에서 기본/혼용 4방권법	●이방(혼용)복식발차기 예) - 발끝찍어차기 - 옆차기 - 뒤꿈치 원그려돌려차기 - 뒤차기 - 서서돌려차기 - 발등반달내려찍어차기 ※ 1단 승단 ●유급 전 과정 ●이방좌우(전측.전후)복식발차기 ●이방좌우(전측.전후)혼용 복식발차기	●점프낙법 - 전방낙법(전방무성) - 후방낙법 - 측방낙법 ※ 1단 승단 ●유급 전 과정 ●무수점프회전측낙법 ●역선법	●허리띠 잡혔을 때 기본/응용 - 5번. 7번. 8번. 12번 혼용 - 2번~6번 ※ 1단 승단 기본/혼용/응용 ●유급 전 과정 ●악수할 때 ●엇갈려 잡혔을 때 ●옆에서 잡혔을 때 - 반대쪽으로 전과정 연습 - 전체복습 및 연습	●공격대련법 예) - 피하기 - 막기 - 잡기 - 꺾기 - 치기 - 차기 - 던지기 - 제끼기 ※ 1단 승단 ●1대 1 공방 대련법	●호위권무형법 ●호위발차기법 ●호위낙선법 ●호위호신술법 - 무기술 ※ 1단 승단 필수 ●준비수련법 전 과정 ●기초자세 전 과정 ●전환선법 전 과정

가. 승급심사 항목

구 분	준비수련법	전환선법	기초수련법	호위권무형법	호위발차기법	호위낙선법	호위호신술법	호위대련법	개인특기술법	기초체력
1급~7가지				●	●	●	●	●	●	●
2급~7가지				●	●	●	●	●	●	●
3급~7가지			●	●	●	●	●		●	●
4급~7가지			●	●	●	●	●		●	●
5급~6가지		●	●	●	●	●	●			
6급~6가지		●	●	●	●	●	●			
7급~5가지		●	●	●	●		●			
8급~5가지	●	●	●		●		●			
9급~5가지	●	●	●		●		●			
10급~4가지	●		●		●		●			

☛ 기초체력 순서 및 횟수: 팔벌려높이뛰기 / 무릎차올리기 / 서전트점프/ 다리교차뛰기 / 팔굽혀펴기20회 / 다리교차차기 / 윗몸일으키기 / 각각20회(5분내)

2) 유단자 심사기준

（1） 단승 심사기준

1단(1승 · 2승)단승 심사기준

구분	호위권무형법	호위발차기법	호위낙선법	호위호신술법	호위대련법	개인특기술법
	10점	10점	10점	10점	10점	30점
1승	• 8방권법 • 혼용 8방권법 • 기본권법 혼용 3회 • 4방 복식권법	• 점프 발차기(18가지) • 4방 복식발차기 – 바깥다리돌려차기 – 옆차기 – 뒤꿈치 원그려돌려차기 – 족장밀어차기 – 뒤차기 – 서서돌려차기 – 발등반달내려찍어차기	• 복식 역선법 • 점프 낙선법 – 전방 낙선법 – 후방 낙선법 – 측방 낙선법 • 복식(혼용)낙법	• 부위별 제압술 • 양수로 잡혔을 때 해제술(기본/혼용/응용) – 양손목(위. 아래)잡혔을때 • 외기술호신술 – 한손으로 잡혔을 때 (치기/차기/꺾기/걸기/조르기/던지기)	• 치기공격방어법(기본) 예) – 기초자세 이용법 – 전환선법 이용법 – 호위낙선법 이용법	• 기초수련법 • 전환선법 • 호위권무형법 • 호위발차기법 • 호위낙선법 • 호위호신술법 – 무기술 – 혼용창작자유
2승	• 수족형법(권발법) – 1번하고~뒤차기 – 1번하고~서서돌려차기 – 2번하고~안다리돌려차기 – 3번하고~발끝찍어차기 – 4번하고~서서돌려차기 – 5번하고~옆차기 – 7번하고~뒤차기 – 8번 하고 ~ 뒤차 뒤꿈치 걷 어돌려차기 – 2번하고~무릎대각올려차기 – 3번하고~앉아돌려차기 – 5번하고~발등반달내려찍어 차기 (하단발차기 응용)	• 점프 복식발차기 • 4방혼용 복식발차기 – 발끝찍어차기 – 옆차기 – 뒤꿈치 원그려돌려차기 – 족장밀어차기 – 뒤차기 – 서서돌려차기	• 혼용역선법 • 점프 낙선법 – 전낙선법(고. 횡) – 전방낙선측법(고. 횡) – 측방낙선법(고. 횡)	• 양수로 잡혔을 때 기본 (해제역 제압호신술) – 양손목(아래위)잡혔을때 – 양중팔목잡혔을 때 – 양어깨잡혔을 때 – 멱살(엇갈려)잡혔을 때 • 외기술호신술 – 양수로 잡혔을 때 – 양손목뒤에서잡혔을 때 – 양중팔목뒤에서잡혔을 때 – 양어깨뒤에서잡혔을 때 – 목덜미(앞.뒤)잡혔을 때 (치기/차기/꺾기/걸기/조르기/던지기)	• 차기공격 방어법(기본) 예) – 기초자세 이용법 – 전환선법 이용법 – 호위낙선법 이용법	• 기초수련법 • 전환선법 • 호위권무형법 • 호위발차기법 • 호위낙선법 • 호위호신술법 – 무기술 – 혼용창작자유

1단(3승 · 4승)단승 심사기준

구분	호위권무형법	호위발차기법	호위낙선법	호위호신술법	호위대련법	개인특기술법
	10점	10점	10점	10점	10점	30점
3승	●족수형법(발권법) – 뒤차고~1번하기 – 서서돌려차고~1번하기 – 안 다 리 돌 려 차고~2번하기 – 발끝찍어차고~3번하기 – 서서돌려차고~4번하기 – 옆차고~5번하기 – 뒤차고~7번하기 – 뒤차뒤꿈치 걷어돌려차고~8번하기 – 무릎대각올려차고~2번하기 – 앉아돌려차고~3번하기 – 발등반달내려찍어차고~5번하기 (하단발차기 응용)	●점프좌우 복식발차기(혼용) ● 4방좌우 복식발차기 – 바깥다리돌려차기 – 발끝찍어차기 – 옆차기 – 뒤꿈치 원그려돌려차기 – 족장밀어차기 – 뒤차기 – 서서돌려차기 – 발등반달내려찍어차기	●복식낙법(일족. 양족) ●혼용낙법(일족. 양족) 예) – 전방/후방 – 후방/전방 – 측방/전방 (일수법/양수법/무수법)	●몸통,목제압 해제술 ●해제 역제압호신술 – 수팔로 몸통껴안았을 때 (앞, 뒤 내외팔감싸) – 앞에서 손으로 목조를 때 (한손, 양손)	●치기연결공격 방어법 예) – 기초자세 이용법 – 전환선법 이용법 – 호위낙선법 이용법 ●차기연결공격 방어법 예) – 기초자세 이용법 – 전환선법 이용법 ●1대 1 공방대련	●기초수련법 ●전환선법 ●호위권무형법 ●호위발차기법 ●호위낙선법 ●호위호신술법 – 무기술 – 혼용창작자유
4승	●수족수형법(권발권법) – 1번하고~뒤차기~2번하기 – 5번하고~옆차기~7번하기 – 7번하고~뒤차기~5번하기 ●족수족형법(발권발법) – 뒤차기~2번하기~뒤차기 – 옆차기~7번하기~뒤차기 – 뒤차기~5번하기~뒤차기 (하단발차기 응용)	●점프(전측. 전후)이방복식발차기(혼용) – 발끝찍어차기 – 뒤꿈치 원그려돌려차기 – 족장밀어차기 – 뒤차기 – 서서돌려차기 – 발등반달내려찍어차기 ●일족4방 복식, 혼용복식발차기 ●좌우4방 복식, 혼용복식발차기	●복식낙법(일족. 양족) ●혼용낙법(일족. 양족) 예) – 전방/후방 – 후방/전방 – 측방/전방 (일수법/양수법/무수법)	●제압 해제술 ●해제 역제압호신술 – 수팔+자 꺾어 제압할 때 – 옆에서 수팔로 목조를 때 – 누워있을 때 목조를 때(옆, 배위올라타, 다리사이)	●치기차기연결공격 방어법 예) – 기초자세 이용법 – 전환선법 이용법 – 호위낙선법 이용법 ●1대 1 공방대련	●기초수련법 ●전환선법 ●호위권무형법 ●호위발차기법 ●호위낙선법 ●호위호신술법 – 무기술 – 혼용창작자유

2단(1승 · 2승)단승 심사기준

구분	호위권무형법	호위발차기법	호위낙선법	호위호신술법	호위대련법	개인특기술법
	10점	10점	10점	10점	10점	30점
1승	• 무기이용기초자세 – 단봉.칼 공방자세 (구분 및 연결동작) • 무기형법(기본권법) – 단봉 – 칼	• 연결발차기 3개동작 • 점프이방(전측.전후)좌우복식발차기 – 바깥다리돌려차기 – 발끝찍어차기 – 옆차기 – 뒤꿈치 원그려돌려차기 – 뒤차기 – 서서돌려차기 • 특수발차기	• 복식선법(일족, 양족) • 혼용선법(일족.양족) 예) – 전방/후방 – 후방/전방 – 측방/전방 (일수법/양수법/무수법)	• 업어치려(쳤을 때)할 때 – 양수먹살잡아 – 팔 멱 살(뒷덜미)잡아 – 팔허리잡아 – 팔겨드랑이걸어잡아 – 팔목감아잡아 – 한무릎오금잡아 – 양무릎오금잡아 (치기/차기/꺾기/걸기/조르기/던지기/제끼기)	• 1대 1 공방대련 (맨손) 예) – 기초자세 이용법 – 전환선법이용법 – 호위발차기법 이용법 – 호위권무형법 이용법 – 호위호신술법 이용법 – 호위특기술법 이용법 – 호위낙선법 이용법	• 기초수련법 • 전환선법 • 호위권무형법 • 호위발차기법 • 호위낙선법 • 호위호신술법 – 무기술(필수) – 혼용창작자유
2승	• 무기이용기초자세 – 단봉.칼 공방자세 (구분 및 연결동작) • 단봉.칼 공방자세 – 단봉 – 칼 (혼용권법)	• 점프(전측.전후)이방복식발차기(연결) – 바깥다리돌려차기 – 발끝찍어차기 – 옆차기 – 뒤꿈치 원그려돌려차기 – 족장밀어차기 – 뒤차기 – 서서돌려차기 – 발등반달내려찍어차기 • 특수발차기	• 복식선법(일족, 양족) • 혼용선법(일족.양족) 예) – 전방/후방 – 후방/전방 – 측방/전방 (일수법/양수법/무수법)	• 정권치기로 공격 할 때 – 평(세)정권 공격시 – 배정권 공격시 – 쥔정권 공격시 • 수도치기로 공격할 때 – 평수도 공격시 – 배수도 공격시 – 새수도 공격시 – 상세수도 공격시 (치기/차기/꺾기/걸기/조르기/던지기)	• 1대 1 공방대련 (맨손) 예) – 기초자세 이용법 – 전환선법이용법 – 호위발차기법 이용법 – 호위권무형법 이용법 – 호위호신술법 이용법 – 호위특기술법 이용법 – 호위낙선법 이용법	• 기초수련법 • 전환선법 • 호위권무형법 • 호위발차기법 • 호위낙선법 • 호위호신술법 – 무기술(필수) – 혼용창작자유

2단(3승 · 4승)단승 심사기준

구분	호위권무형법	호위발차기	호위낙선법	호위호신술법	호위대련법	개인특기술법
	10점	10점	10점	10점	10점	30점
3승	• 무기이용기초자세 – 단봉.칼 공방자세 (구분 및 연결동작) • 무기형법(4방권법) – 단봉 – 칼 (혼용권법)	• 점프4방 복식발차기(혼용) – 발끝찍어차기 – 옆차기 – 뒤꿈치 원그려돌려차기 – 족장밀어차기 – 서서돌려차기 – 발등반달내려찍어차기 • 특수발차기	• 복식낙선법(일족,양족) • 혼용낙선법(일족.양족) – 전방/후방 – 후방/전방 – 측방/전방 (일수법/양수법/무수법)	• 발차기로 공격 할 때 예) – 안다리돌려차기 공격시 – 발끝찍기 공격시 – 옆차기 공격시 – 앞차기 공격시 – 뒷차기 공격시 – 서서돌려차기 공격시 – 앉아돌려차기 공격시 – 빌등빈달내려찍어차기 공격시	• 1대 1 공방대련 (칼. 단봉무기대맨손) 예) – 기초자세 이용법 – 전환선법이용법 – 호위발차기법 이용법 – 호위권무형법 이용법 – 호위호신술법 이용법 – 호위특기술법 이용법 – 호위낙선법 이용법	• 기초수련법 • 전환선법 • 호위권무형법 • 호위발차기법 • 호위낙선법 • 호위호신술법 – 무기술(필수) – 혼용창작자유

구분	호위권무형법 10점	호위발차기 10점	호위낙선법 10점	호위호신술법 10점	호위대련법 10점	개인특기술법 30점
4승	• 무기이용기초자세 – 단봉.칼 공방자세 중(구분 및 연결동작) • 무기형법(8방권법) – 단봉 – 칼 (혼용권법)	• 점프4방 복식발차기 • 특수발차기	• 복식낙선법(일족.양족) • 혼용낙선법(일족.양족) – 전방/후방 – 후방/전방 – 측방/전방 (일수법/양수법/무수법)	• 선수제압술 (치기/차기/꺾기/걸기/조르기/던지기) – 손으로 잡으려할 때 – 손으로 치려할 때 – 발로 차려할 때 (서있을때/앉자있을때/누워있을때/엎어져있을때)	• 1대 1 공방대련 (칼. 단봉무기대 맨손) 예) – 기초자세 이용법 – 전환선법이용법 – 호위발차기법 이용법 – 호위권무형법 이용법 – 호위호신술법 이용법 – 호위특기술법 이용법 – 호위낙선법 이용법	• 기초수련법 • 전환선법 • 호위권무형법 • 호위발차기법 • 호위낙선법 • 호위호신술법 – 무기술(필수) – 혼용창작자유

2단(5승 · 6승)단승 심사기준

구분	호위권무형법 10점	호위발차기법 10점	호위낙선법 10점	호위호신술법 10점	호위대련법 10점	개인특기술법 30점
5승	• 무기이용기초자세 – 중. 장봉. 검 공방자세 (구분 및 연결동작) • 무기형법(기본권법) – 중봉.장봉 – 검 (혼용권법)	• 전환선법 발차기 – 발끝찍어차기 – 뒤꿈치 원그려돌려차기 – 족장밀어차기 – 뒤차기 – 서서돌려차기 – 발등반달내려찍어차기	• 낙호법 • 복식낙호법 예) – 경호대상낙선유도법 – 전방낙호법 – 후방낙호법 – 측방낙호법	• 봉으로 공격 할 때 (단봉. 중봉. 장봉) – 얼굴 몸통찌르려고 할 때 – 위에서 내려칠때 – 좌.우 수평으로 칠 때 – 좌우 대각 내려칠 때 – 좌우 대각 올려칠 때	• 1대 1 공방대련 • 무기대련(무기대무기) (검. 중장봉) 예) – 기초자세 이용법 – 전환선법이용법 – 호위발차기법 이용법 – 호위권무형법 이용법 – 호위호신술법 이용법 – 호위특기술법 이용법 – 호위낙선법 이용법	• 기초수련법 • 전환선법 • 호위권무형법 • 호위발차기법 • 호위낙선법 • 호위호신술법 – 무기술(필수) – 혼용창작자유
6승	• 무기이용기초자세 – 중. 장봉. 검 공방자세 (구분 및 연결동작) • 무기형법(복식권법) – 중봉. 장봉 – 검 (혼용권법)	• 전환선법 발차기 – 내서외로발끝찍어차기 – 발끝찍어차기 – 뒤꿈치 원그려돌려차기 – 족장밀어차기 – 뒤차기 – 서서돌려차기 – 발등반달내려찍어차기	• 낙호법 • 복식낙호법 예) – 경호대상낙선유도법 – 전방낙호법 – 후방낙호법 – 측방낙호법	• 칼. 검으로 공격 할 때 – 얼굴 몸통찌르려고 할 때 – 수직으로 베려 할 때 – 좌. 우 대각 내려 베려 할 때 – 좌. 우 대각 올려 베려 할 때 – 좌. 우 수평으로 베려 할 때 – 쥔정권 자세로 찍어내릴 때 – 쥔정권 자세로 좌. 우로 베려 할 때	• 1대 1 공방대련 무기대련(무기대무기) (검.중장봉) 예) – 기초자세 이용법 – 전환선법이용법 – 호위발차기법 이용법 – 호위권무형법 이용법 – 호위호신술법 이용법 – 호위특기술법 이용법 – 호위낙선법 이용법	• 기초수련법 • 전환선법 • 호위권무형법 • 호위발차기법 • 호위낙선법 • 호위호신술법 – 무기술(필수) – 혼용창작자유

2단(7승 · 8승)단승 심사기준

구분	호위권무형법 10점	호위발차기법 10점	호위낙선법 10점	호위호신술법 10점	호위대련법 10점	개인특기술법 30점
7승	● 무기형법(4권법) – 중봉.장봉 – 검 (혼용권법)	● 연결발차기 5개 동작 – 발끝찍어차기 – 뒤꿈치 원 그려 돌려차기 – 족장밀어차기 – 뒤차기 – 서서돌려차기 (하단발차기. 점프발차기. 특수발차기 혼용)	● 혼용낙호법 예) – 전방낙호법/측방낙호법 – 후방낙호법/전방낙호법 – 측방낙호법/후방낙호법	● 봉 무기로 공격법 ● 칼, 검, 곤 공격법 – 서있을 때 – 치려할 때 – 차려할 때 – 호신술무기이용법	● 1대 1 공방대련 ● 무기대련(칼검.봉) ● 호위대련법 예) – 기초자세 이용법 – 전환선법이용법 – 호위발차기법 이용법 – 호위권무형법 이용법 – 호위호신술법 이용법 – 호위특기술법 이용법 – 호위낙선법 이용법	● 기초수련법 ● 전환선법 ● 호위권무형법 ● 호위발차기법 ● 호위낙선법 ● 호위호신술법 – 무기술(필수) – 혼용창작자유
8승	● 무기형법(8방권법) – 중봉.장봉 – 검 (혼용권법)	● 연결발차기 10개 동작 – 발끝찍어차기 – 뒤꿈치 원 그려 돌려차기 – 족장밀어차기 – 뒤차기 – 서서돌려차기 – 발등반달내려찍어차기 – 옆차기 – 앉아돌려차기 – 앞차기 (하단발차기. 점프발차기. 특수발차기 혼용)	● 혼용낙호법 예) – 전방낙호법/측방낙호법 – 후방낙호법/전방낙호법 – 측방낙호법/후방낙호법	● 권총 겨눌 때 탈취 및 제압 – 머리 겨눌 때(전, 측, 후) – 몸통 겨눌 때(전, 측, 후) ● 소총 겨눌 때 탈취 및 제압 – 머리 겨눌 때(전, 측, 후) – 몸통 겨눌 때(전, 측, 후) ● 급조무기 이용법	● 1대 1 공방대련 ● 무기대련(칼검.봉) ● 호위대련법 예) – 기초자세 이용법 – 전환선법이용법 – 호위발차기법 이용법 – 호위권무형법 이용법 – 호위호신술법 이용법 – 호위특기술법 이용법 – 호위낙선법 이용법	● 기초수련법 ● 전환선법 ● 호위권무형법 ● 호위발차기법 ● 호위낙선법 ● 호위호신술법 – 무기술(필수) – 혼용창작자유

3단(1승 · 2승)단승 심사기준

구분	호위권무형법 10점	호위발차기법 10점	호위낙선법 10점	호위호신술법 10점	호위대련법 10점	개인특기술법 30점
1승 6개월	● 기본권법 - 치기응용 - 차기응응 (치기. 차기 혼용)	● 연결발차기15개 동작 ● 호위 발차기(단식) - 뒤꿈치 원 그려 돌려차기 - 족장밀어차기 - 뒤차기 - 서서돌려차기 - 옆차기 - 앉아돌려차기 - 앞차기 (하단발차기. 점프발차기. 특수발차기 혼용)	● 선호법 ● 복식선호법 예) - 전방선호법 - 후방선호법 - 측방선호법	● 호위호신술법 ● 경호대상손목 해제술 ● 경호대상손목 15번 호신술(전. 후. 측) ● 해제역호신술 - 수팔로 목 조를 때 (서서, 누워서, 엎드려서) ● 외기술호신술 (치기/차기/꺾기/걸기/조르기/던지기/제끼기/무기이용)	● 1 대 2 공방대련 ● 호위대련법 예) - 기초자세 이용법 - 전환선법이용법 - 호위발차기법 이용법 - 호위권무형법 이용법 - 호위호신술법 이용법 - 호위특기술법 이용법 - 호위낙선법 이용법	● 기초수련법 ● 전환선법 ● 호위권무형법 ● 호위발차기법 ● 호위낙선법 ● 호위호신술법 ● 호위특기술법 - 무기술(필수) - 혼용창작 자유(필수)
2승 12개월	● 복식권법 - 치기응용 - 차기응용 (치기. 차기 혼용)	● 연결발차기20개 동작 ● 호위 발차기(혼용) - 발끝찍어차기 - 뒤꿈치 원그려돌려차기 - 족장밀어차기 - 뒤차기 - 발등반달 내려찍어차기 - 옆차기 - 앉아돌려차기 - 서서돌려차기 (하단발차기. 점프발차기. 특수발차기 혼용)	● 선호법 ● 복식선호법 예) - 전방선호법 - 후방선호법 - 측방선호법	● 호위호신술법 ● 경호대상 부위별 잡혔을 때 - 양수로 잡을때(전. 후. 측) - 몸통 잡을 때(전. 후. 측) - 목 잡을 때(전. 후. 측) ● 외해제역호신술 - 상황별응용술 ● 외기술호신술 (치기/차기/꺾기/걸기/조르기/던지기/제끼기/무기이용)	● 1대 2 공방대련 ● 호위대련법 예) - 기초자세 이용법 - 전환선법이용법 - 호위발차기법 이용법 - 호위권무형법 이용법 - 호위호신술법 이용법 - 호위특기술법 이용법 - 호위낙선법 이용법	● 기초수련법 ● 전환선법 ● 호위권무형법 ● 호위발차기법 ● 호위낙선법 ● 호위호신술법 - 무기술(필수) - 혼용창작 자유(필수)

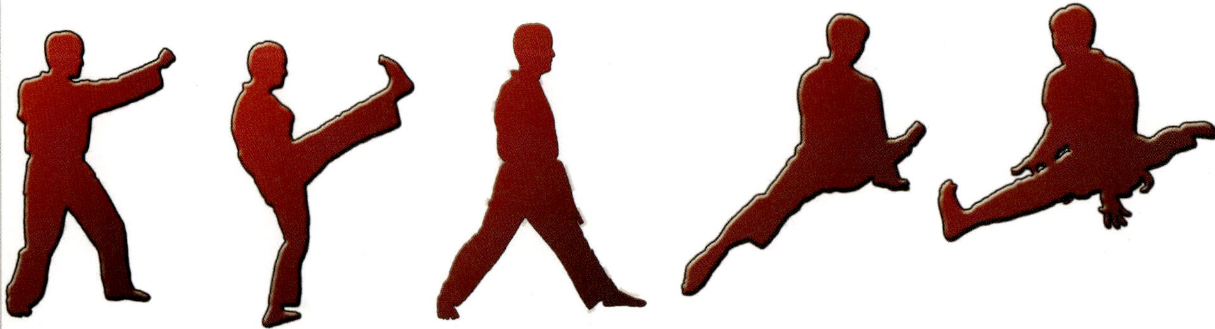

3단(3승 · 4승)단승 심사기준

구분	호위권무형법	호위발차기법	호위낙선법	호위호신술법	호위대련법	개인특기술법
	10점	10점	10점	10점	10점	30점
3승 18개월	● 4방권법 – 치기응용 – 차기응용 (치기.차기혼용)	● 낙선법발차기(혼용) – 뒤꿈치 원그려돌려차기 – 족장밀어차기 – 뒤차기 – 서서돌려차기 – 옆차기 – 앉아돌려차기 – 앞차기 ● 창작발차기 (하단발차기. 점프발차기. 특수발차기혼용)	● 혼용선호법 예) – 전방선호법/측방선호법 – 후방선호법/전방선호법 – 측방선호법/후방선호법	● 호위호신술법 ● 경호대상 업어치려 할 때 (치기/차기/꺾기/걸기/조르기/던지기/제끼기/무기이용) ● 호위특기술법 – 수팔밀(밀어)치기 – 수팔 걸어제끼기 – 수팔당겨치기 – 어깨밀어치기 – 무릎 걸어제끼기	● 1대 2 공방대련 ● 무기대련(칼 검. 봉) ● 호위대련법 예) – 기초자세 이용법 – 전환선법이용법 – 호위발차기법 이용법 – 호위권무형법 이용법 – 호위호신술법 이용법 – 호위특기술법 이용법 – 호위낙선법 이용법	● 기초수련법 ● 전환선법 ● 호위권무형법 ● 호위발차기법 ● 호위낙선법 ● 호위호신술법 ● 호위특기술법(필수) – 무기술(필수) – 혼용창작자유(필수)
4승 24개월	● 무기형법(기본권법) – 중봉.장봉 – 검 (차기혼용권법)	● 낙선법 발차기 – 발끝찍어차기 – 족장밀어차기 – 뒤차기 – 발등반달내려찍어차기 – 옆차기 – 서서돌려차기 – 앞차기 ● 창작발차기 (하단발차기.점프발차기.특수발차기혼용)	● 혼용선호법 예) – 전방선호법/측방선호법 – 후방선호법/전방선호법 – 측방선호법/후방선호법	● 호위호신술법 ● 경호대상 치려 할 때 ● 경호대상 차려 할 때 (치기/차기/꺾기/걸기/조르기/던지기/제끼기/무기이용) ● 호위특기술법 – 호위잡기법 – 탈출해제법 – 진로개척법 – 연결방어법 – 육탄방어법	● 1대 2 공방대련 ● 무기대련(칼 검. 봉) ● 호위대련법 예) – 기초자세 이용법 – 전환선법이용법 – 호위발차기법 이용법 – 호위권무형법 이용법 – 호위호신술법 이용법 – 호위특기술법 이용법 – 호위낙선법 이용법	● 기초수련법 ● 전환선법 ● 호위권무형법 ● 호위발차기법 ● 호위낙선법 ● 호위호신술법 ● 호위특기술법(필수) – 무기술(필수) – 혼용창작자유(필수)

3단(5승·6승)단승 심사기준

구분	호위권무형법	호위발차기법	호위낙선법	호위호신술법	호위대련법	개인특기술법
	10점	10점	10점	10점	10점	30점
5승 30개월	● 기본권법 – 치기 – 차기 (혼용권법10개 동작)	● 낙호법 발차기 – 발끝찍어차기 – 뒤꿈치 원그려돌려차기 – 족장밀어차기 – 뒤차기 – 옆차기 – 앉아돌려차기 – 서서돌려차기 – 앞차기 (하단발차기.점프발차기.특수발차기혼용)	● 호위낙선법 – 전방호위낙선법 – 후방호위낙선법 – 측방호위낙선법 ● 호위혼용낙선법 – 전방호위낙선법 – 후방호위낙선법 – 후방호위낙선법 – 측방호위낙선법 – 측방호위낙선법 – 전방호위낙선법	● 호위호신술법 ● 무기(칼.검.봉) 공격 공때 (치기/차기/꺾기/걸기/조르기/던지기/제끼기/무기이용) ● 호위사격술법 – 총 파지법(일수.양수) – 기본사격술자새(7가지) – 이동사격술	● 1대 2 공방대련 ● 무기대련(칼. 검. 봉. 총) ● 호위대련법 예) – 기초자세 이용법 – 전환선법이용법 – 호위발차기법 이용법 – 호위권무형법 이용법 – 호위호신술법 이용법 – 호위특기술법 이용법 – 호위낙선법 이용법	● 기초수련법 ● 전환선법 ● 호위권무형법 ● 호위발차기법 ● 호위낙선법 ● 호위호신술법 ● 호위특기술법 ● 호위사격술법(필수) – 무기술(필수) – 혼용창작자유(필수)
6승 36개월	● 무기형법 – 중봉. 장봉. 단봉 – 칼. 검 (혼용권법10개 동작) – 발차기혼용 자유 ● 권무형법	● 낙호법 발차기 – 발끝찍어차기 – 뒤꿈치 원 그려 돌려차기 – 뒤차기 – 서서돌려차기 – 발등반달내려찍어차기 – 옆차기 – 앉아돌려차기 – 앞차기 (하단발차기. 점프발차기. 특수발차기혼용)	● 호위낙선법 – 전방호위낙선법 – 후방호위낙선법 – 측방호위낙선법 ● 호위혼용낙선법 – 전방호위낙선법 – 후방호위낙선법 – 후방호위낙선법 – 측방호위낙선법 – 측방호위낙선법 – 전방호위낙선법	● 호위호신술법 ● 무기로 투척.사격 할때 ● 팀워크 호위 호신술 (치기/차기/꺾기/걸기/조르기/던지기/제끼기/무기이용) ● 호위사격술법 – 전환선법 사격술 – 낙선법 사격술 – 의탁사격술 – 호위사격술	● 1대 2 공방대련 ● 무기대련(칼. 검. 봉. 총) ● 호위대련법 예) – 기초자세 이용법 – 전환선법이용법 – 호위발차기법 이용법 – 호위권무형법 이용법 – 호위호신술법 이용법 – 호위특기술법 이용법 – 호위낙선법 이용법	● 기초수련법 ● 전환선법 ● 호위권무형법 ● 호위발차기법 ● 호위낙선법 ● 호위호신술법 ● 호위특기술법 ● 호위사격술법(필수) – 무기술(필수) – 혼용창작자유(필수)

（2）승단심사 기준

1단 · 2단 · 3단 · 4단(승단심사 기준)

구분	준비/기초/전환 10점	호위권무형법 10점	호위발차기법 10점	호위낙선법 10점	호위호신술법 10점	호위대련법 10점	개인특기술법 10점	기초체력(5분) 30점
1단	유급자 전 과정							
2단	1단 단승 전 과정							
3단	2단 단승 전 과정(호위특기술법 포함)							
4단	3단 단승 전 과정(호위사격술법 포함)							

➥ 7가지기초체력 순서 및 횟수: 팔벌려높이뛰기 / 무릎차올리기 / 서전트점프 / 다리교차뛰기 / 팔굽혀펴기 / 다리교차차기 / 윗몸일으키기 / 각각20회(5분내)

구분	이론(50점)	실기(50점)
5단		
6단	• 경호무술 지도능력평가	
7단	• 경호무술 학문적 수준평가 • 경호실무 능력(이론)평가	
8단	• 경호무술 기여평가	
9단		

교육훈련 규정

7. 교육훈련 규정

제1조(목 적)

이 규정은 한국경호무술진흥회(이하"본회"라 한다)의 경호무술직무능력표준과 경호무술자격제도에 따른 평생학습체제 구축의 일환으로 교육훈련에 관한 기본 사항을 규정하여 필요한 지식·기술·소양을 갖출 수 있도록 하며. 전통무예로서 올바른 전승체계를 확립하는데 그 목적이 있다.

제2조(적용범위)

본회 회원, 경호무술자격제도에 의한 경호무술단증, 경호무술지도자 자격 취득자, 진흥회가 지정한 교육기관에 대한 교육훈련 및 보수교육에 관한 사항은 이 규정에 정하는 바에 의한다.

제3조(용어의 정의)

① 이 규정에서 사용하는 용어의 정의는 다음 각 호와 같다.

1. "교육기관"이라 함은 학교(대학(교) 및 직업훈련기관 등), 직장, 지역사회에서 경호무술 수련시설을 갖추어진 곳을 대상으로 진흥회에서 교육기관 신청 및 지정 절차에 따라 지정된 경호무술직무능력표준교육훈련기관(이하"표준교육훈련기관"이라 한다.) 인증교육기관·보수교육기관을 말한다.

2. "교육훈련"이라함은 이규정에 정의한 정규교육 및 보수교육을 포함한 의미를 말한다.

3. "정규교육"이라 함은 경호무술승단 및 경호무술지도자 자격을 취득하기를 원하는 자에 대하여 자격의 종목 및 등급에 따라 경호무술직무능력표준을 기준으로 개인이 갖추어야 할 호위호신 능력 및 지식·기술 소양 등의 함양을 위한 교육을 말한다.

4. "보수교육"이라 함은 진흥회 회원에 대한 정기연수교육 및 자격의 승급, 갱신·유지를 위하여 보충히여 행하는 교육을 말한다.

제4조(교육의 기본방침)

본회에서 정하는 교육의 기본방침은 다음 각 호에서 정하는 바와 같다.

1. 경호무술직무능력표준을 기준으로 한 경호무술승단 및 경호무술지도자 교육훈련

2. 경호무술지도자의 직무수행능력 및 기초직업능력 개발

3. 산업 · 학습 · 자격의 연계

4. 자격기본법상의 민간자격국가공인 및 국가직무능력표준 상응하는 기준

5. 자기계발 및 평생학습체제 구축

6. 학교, 직장, 지역사회 수련시설 교육훈련 매체활용 및 특성화 지원

재5조(교육훈련제도)

본회는 교육훈련제도에 관련하여 아래 각 호의 계획을 수립하여 교육훈련체제를 확립한다.

1. 교육제도 및 규정의 입안 및 관리

2. 각 부분의 교육에 관한 단기 · 장기 계획수립

3. 각 교육기관의 조사연구를 통한 신규 및 재 인증 · 지정

4. 각 교육기관의 관리 · 감독

재6조(교육훈련주관)

정기교육 및 보수교육은 진흥회에서 주관하며 교육에 필요한 사항은 진흥회 교육훈련위원회(이하"위원회"라 한다.)에서 담당한다. 단, 진흥회는 교육기관에 대한 인증절차를 통하여 해당기관에 위임하는 것이 효과적이라고 판단되는 경우 인증범위내의 교육훈련 및 보수교육을 인증교육기관 및 표준교육훈련기관에 위임할 수 있으며, 교육기관에서 실시한 모든 교육은 진흥회가 주관 실시한 것으로 인정한다.

제7조(교육훈련위원회)

본회 정관 제42조 규정에 의거 보수교육 전반에 관한 사항을 심의하기 위하여 교육훈련위원회를 둔다.

제8조(교육기관)

① 정규교육을 실시 할 수 있는 기관은 다음 각 호의 1에 의한다.

　　1. 본회 인증교육기관으로 지정된 대학, 수련시설, 산업체, 단체, 교육훈련기관

　　2. 본회 직능표준교육훈련기관으로 지정된 대학, 수련시설, 산업체, 단체, 교육훈련기관

　　3. 본회 산하단체

② 보수교육을 실시 할 수 있는 기관은 본회를 비롯하여 다음 각 호의 1에 의한다.

　　1. 각 시 · 도 지부

　　2. 진흥회 산하단체

　　3. 기타 진흥회의 위원회에서 인정하는 수련시설 기관 및 단체

재9조(교육기관의 업무)

① 인증교육기관으로 인증 승인된 교육기관의 업무는 아래 각호에서 정하는 업무를 담당한다.

　　1. 인증된 범위내의 연간 교육계획의 수립

　　2. 교육교안, 교육장, 교육기자재 등의 유지 관리

　　3. 각 부분의 교육에 대한 교수·강사 운영

　　4. 경호무술직무능력표준을 기준으로 한 높은 수준의 교육의 질 유지

　　5. 경호무술 자격검정 관련 행정 업무

② 표준교육훈련기관으로 지정된 교육기관의 업무는 아래 각 호에서 정하는 업무를 담당한다.

　　1. 인증된 범위내의 연간 교육계획 수립

　　2. 교육교안, 교육장, 교육기자재 등의 유지 관리

　　3. 각 부분의 교육에 대한 교수·강사 운영

　　4. 경호무술직무능력표준 교육훈련과정 실시의 사전 및 사후관리

　　5. 경호무술직무능력표준을 기준으로 한 높은 수준의 교육의 질 유지

　　6. 경호무술직무능력표준 교육훈련과정 이수자의 경호무술자격 인증교부를 위한 평가계획 수립

　　7. 경호무술직무능력표준 교육훈련과정 이수자의 관리계획 수립

　　8. 교육훈련의 평가 및 기록의 유지 관리

③ 본회에서 보수교육기관으로 지정된 교육기관은 다음의 각호를 충실히 이행하여야 한다.

　　1. 보수교육을 실시하고자 하는 보수교육 실시기관은 제12조 각호의 규정에 의해 본회의 사전 승인을 받아야 한다.

　　2. 모든 보수교육은 교육실시 30일전 본회의 승인을 얻은 후 시행함을 원칙으로 하며 기 승인된 보수교육계획에 대한 추가 또는 변동사항이 있을 때는 7일 이전에 변경승인을 받아야 한다.

　　3. 보수교육을 실시한 교육기관은 보수교육 등록대장(주민등록번호, 성명, 주소, 연락처, 소속 등)을 비치하고 서명을 받아야 한다.

　　4. 보수교육을 실시한 교육기관은 보수교육 등록대장 사본 1부를 교육실시 후 2주 이내에 진흥회에 결과를 진흥회에 보고하여야 한다.

④ 제3항의 4호 규정에 의한 보수교육 결과에는 다음의 사항이 포함되어야 한다.

　　1. 보수교육 이수자 명단

　　2. 보수교육 미이수자 명단

제10조(교육계획의 수립)

① 본회는 차기년도 경호무술자격시행 및 보수교육 계획을 수립하여 공고 및 통보한다.

② 교육기관은 익년도 교육계획을 수립하여 이를 진흥회에 제출한다.

③ 제2항의 규정에서 진흥회는 표준교육훈련기관의 교육계획을 취합 조정하여 진흥회장이 최종 승인 한다.

④ 본회장의 승인을 득한 후 교육기관으로 통보하여 교육실시에 차질이 없도록 해야 한다.

제11조(교육의 구분)

① 교육은 정규교육 및 보수교육으로 구분하여 실시한다.

② 정규교육은 경호무술(1단, 2단, 3단, 4단, 5단) 및 경호무술지도자(1급, 2급, 3급)로 구분되며 다음 별표 1에 정하는바에 의거 실시한다.

③ 보수교육은 아래 각호에서 정하는 과정을 말한다.

   1. 본회정관 규정에 의해 회원 직무능력향상을 위한 교육

   2. 경호무술자격규정에 의한 승단, 승급과정 및 인증자격교부(특별승단, 명예단) 대상에 대한 교육

   3. 경호무술자격규정에 의한 자격의 갱신 및 유지를 위한 교육

   4. 본회에서 필요하다고 판단되어 실시되는 교육

제12조(보수교육의 종류)

보수교육의 종류는 다음 각 호와 같다.

1. 자격승급(단) 보수교육 : 자격의 승급(단)에 필요한 교육훈련과정 의무교육

2. 인증자격교부 보수교육 : 인증자격을 교부 받고자 하는 대상자에 대한 의무교육

3. 자격갱신 보수교육 : 경호무술자격의 유효기간 갱신을 위한 교육

4. 회원 교육 : 회원의 직무능력향상을 도모하기 위한 교육

제13조(경호무술자격승급 보수교육)

① 경호무술자격규정 제10조의 규정에 의한 자격의 종목 및 상위등급 승급(단)에 대한 교육계획에 의해 실시 되도록 한다.

② 무술자격의 종목 및 상위등급에 승급(단)하고자 하는 회원은 진흥회에서 수립된 교육계획에 의해 자격의 종목 및 등급에 해당되는 의무 보수교육을 이수 하여야 하며, 자격평가시험에 의해 자격을 승급 또는 취득 할 수 있다.

③ 경호무술자격규정 제10조 1호의 규정에 기준에 의한 의무교육과정은 다음 별표2와 같다.

제14조(인증자격교부 보수교육)

① 경호무술자격규정 제18조 제19조 제2항의 규정에 의거하여 인증자격교부대상자에 대한 교육계획에 의해 실시 되도록 한다.

② 인증자격을 교부 받고자 하는 자에 대한 의무교육과정은 다음 별표3과 같다.

제15조(경호무술자격갱신 보수교육)

① 경호무술자격규정 제34조 제4항의 규정에 의거 자격의 유효기간이 만료되어 그 자격의 갱신을 받고자 하는 자에 대한 교육계획에 의해 실시 되도록 한다.

② 자격의 유효기간 갱신을 위한 대상과 보수교육의 인정은 다음 별표 4와 같다.

제16조(지도자 및 심판 직무교육)

① 진흥회 경호무술지도자 및 심판 교육계획에 의해 실시된다.

② 직무교육은 경호무술의 발전, 신기술, 정책변화 등을 고려하여 직무능력향상을 도모 할 수 있도록 계획하여 실시 되도록 한다.

제17조(교육의 실시)

제11조 제2항 제3항의 규정에 의한 교육과정 중 필요하다고 판단될 경우 제8조의 규정에 의해 교육기관에 위임 할 수 있다.

제18조(교육평가)

① 교육의 평가는 각 교육과정에 대한 평가, 피교육자 등에 관한 평가로 구분한다.

② 교육평가는 이론 및 실기평가로 하며, 필기실험, 실기시험, 과제물평가, 래포트, 설문지, 평가서 등으로 실시한다.

③ 인증교육기관 및 직능표준교육훈련기관에서 교육을 이수한 자에 대한 평가는 교육보고서, 교육과정이수확인서, 수료증, 성적평가 등을 그 대상으로 한다.

제19조(자격평가 및 수료)

① 자격의 종목 및 등급에 의한 의무 정규교육 및 보수교육을 이수한 자는 진흥회에서 시행하는 자격시험에 응시할 수 있다.

② 자격시험에 응시하고자 하는 자는 경호무술자격규정에 정하는바에 의한다.

③ 각 교육과정을 모두 이수한 피교육자에 대하여 진흥회 및 각 교육기관은 교육평가를 마친 이후 이를 확인할 수 있는 이수증 및 수료증을 교부 하여야 한다.

제20조(교육수칙)

① 교육기관은 실시되는 모든 교육 과정에서 피교육자의 교육수칙 위반에 대하여 연대책임을 진다.

② 피교육자는 교육을 받음에 있어 아래 각호에서 정한 사항을 준수 하여야 한다.

  1. 피교육자는 교육기관에서 지시받은 교육을 반드시 이수하여야 한다.

  2. 피교육자는 교육담당자 및 강사의 지시에 순응하여야 한다.

  3. 피교육자는 소정의 자격, 등급 등을 취득할 수 있도록 최선을 다하여야 한다.

  4. 교육중 발생한 신상문제 또는 교육에 관한 중요사항에 대하여는 지체 없이 교육담당자에게 통보하여야 한다.

  5. 피교육자는 각 교육기관에서 정한 내규 및 수칙에 대하여 순응하여야 한다.

  6. 상기 각 사항에 위배되는 행위를 하는 경우 교육기관은 해낭 피교육사의 교육중시를 멍할 수 있다.

③ 교육기관 및 강사는 아래 각호의 사항에 유의하여 교육실시에 차질이 없도록 하여야 한다.

1. 해당과목의 교안을 작성하여야 한다.

2. 해당과목에 대한 과제물을 부여하여 교육효과 및 진행을 관리한다.

3. 해당과목에 대한 평가계획을 수립한다.

제21조(강사 및 선발 기준)

① 본회와 각 교육기관은 정규교육 및 보수교육의 실시에 있어 필요한 강사를 확보하여야 한다.

② 교육과정에서 각 해당과목에 대한 강사(경호무술지도자, 경호무술전수자, 교수, 교관, 훈련교사)의 기준은 다음과 같다.

1. 고등교육법에 의한 2년제 대학 이상의 교육기관에서 경호무술 관련학과에 재직하고 있는 자

2. 경호무술 관련 전공 석사 이상의 학위소지자로 경호무술분야에 관한 연구 실적이나 전문 경력이 인정되는 자

3. 경호무술전수자 자격을 창시자로부터 인정받은 자

4. 경호무술에 대한 상급의 지식과 견식을 가진 학자, 고위공직자, 관련산업체 및 단체의 임원

5. 경호무술지도자 1급 자격 취득자로 학교, 직장, 지역사회의 수련시설에서 3년 이상 근무한 경력이 있는 실무자

6. 학교, 직장, 지역사회의 수련시설에서 7년 이상 근무한 경력이 있는 실무자

7. 6호의 경우 고등학교졸업의 학력인 자는 10년 이상 근무한 경력이 있는 실무자로 한다.

제22조(교육의 과목 및 내용)

경호무술직무능력표준을 기준으로 하여야 하며 경호무술 자격취득자 및 회원으로서 습득하여야 할 사항의 지식·기술·소양에 관한 것으로 한다.

제23조(교육비)

보수교육을 실시할 때에는 교육대상자에게 교재를 교부하고 보수교육 경비충당을 위해 교육비를 징수함을 원칙으로 한다.

제24조(기록관리)

① 교육기관장은 정규교육 및 보수교육에 관한 제반사항을 3년간 보존해야 하되 제출서류는 6개월 이후 파기할 수 있다.

② 교육훈련의 모든 기록은 소정서식에 의하여 자격번호, 성명, 주소, 소속 등을 정확히 작성 하여 보존하여야한다.

제25조 (사후관리)

① 본회 및 교육기관은 모든 교육에 대한 실적을 유지 관리하여야 한다.

② 본회는 당해년도의 교육실적을 종합분석하여 차기년도 교육계획수립 및 중장기 기본계획의 정책 수립에 반영하여 활용할 수 있도록 한다.

제26조(인적자원개발 지원)

본회는 경호무술부문 인적자원개발을 위한 각종 정책시행에 있어 국가 관계기관 및 관련 단체, 산업체와의 협력과 지원을 통해 교육기관 및 피교육생에 대하여 필요한 지원을 할 수 있도록 계획하여 실시할 수 있다.

제27조(벌칙)

① 회원정기연수교육을 미이수한 자는 진흥회 회원의 권리와 의무가 제한된다.

② 자격갱신교육 및 회원정기연수교육을 미이수한 자는 관련규정에 따라 자격의 정지 및 취소 등의 행정조치토록 한다.

제28조(보칙)

이 규정에 규정되지 아니한 사항은 위원회의 심의를 거쳐 진흥회 이사회의 의결에 의한다.

부 칙

제1조 (시행일) 이 규정은 제정한 날로부터 시행한다.

[별표 1] 정규교육의 구분(제11조 제2항과 관련)

1. 경호무술 승단

① 경호무술 5단 승단

경호무술 5단 승단 자격취득과정	
직능표준교육시간	600시간 이상 (근거 : 주 3시간 이상 수련 / 200주 수련자)
자격조건	가. 학교, 직장, 지역사회 수련시설에서 경호무술 4단에 승단한 자 나. 4단을 취득하여 2년이 경과하고 4년제 학위 직능표준교육기관에서 전 과정을 이수한 자는 교육 이수를 인정한다. 다. 라에 해당하는 자는 인증ㆍ부 신청을 할 수 있다

② 경호무술 4단 승단

경호무술 4단 승단 자격취득과정	
직능표준교육시간	450시간 이상 (근거 : 주 3시간 이상 수련 / 150주 수련자)
자격조건	가. 학교, 직장, 지역사회 수련시설에서 경호무술 3단에 승단한 자 나. 4년제 학위 직능표준교육기관에서 경호무술 4단 전 과정을 이수한 자는 교육 이수를 인정한다. 마. 나에 해당하는 자는 인증교부 신청을 할 수 있다.

③ 경호무술 3단 승단

경호무술 3단 승단 자격취득과정	
직능표준교육시간	300시간 이상(근거 : 주 3시간 이상 수련 / 100주 수련자)
자격조건	가. 학교, 직장, 지역사회 수련시설에서 경호무술 2단에 승단한 자 나. 2년제 학위 직능표준교육기관에서 경호무술 3단 전 과정을 이수한 자는 교육 이수를 인정한다.

④ 경호무술 2단 승단

경호무술 2단 승단 자격취득과정	
직능표준교육시간	150시간 이상(근거 : 주 3시간 이상 수련 / 52주 수련자)
자격조건	‒ 학교, 직장, 지역사회 수련시설에서 경호무술 1단에 승단한 자

⑤ 경호무술 1단 승단

경호무술 1단 승단 자격취득과정	
직능표준교육시간	150시간 이상(근거 : 주 3시간 이상 수련 / 52주 수련자)
자격조건	가. 학교, 직장, 지역사회 수련시설에서 수련하는 자

2. 경호무술지도자

① 경호무술지도자 1급

경호무술지도자 1급 자격취득과정	
직능표준교육시간	100시간 이상
자격조건	가. 30세 이상인자 나. 경호무술 5단 이상을 취득한 자 다. 경호무술지도자 2급 자격을 취득한 자

② 경호무술지도자 2급

경호무술지도자 2급 자격취득과정	
직능표준교육시간	100시간 이상
자격조건	가. 22세 이상인자 나. 경호무술 4단 이상을 취득한 자 다. 경호무술지도자 3급 자격을 취득한 자 라. 경호무술전공 4년제 학위 직능표준교육기관에서 경호무술지도자 전 과정을 이수한 자는 교육 이수를 인정한다.

③ 경호무술지도자 3급

경호무술지도자 3급 자격취득과정	
직능표준교육시간	30시간 이상
자격조건	1. 18세 이상인 자 2. 경호무술 3단 이상인 자

3. 심판

① 1급 심판

경호무술 1급 심판 자격취득과정	
직능표준교육시간	16시간
자격조건	– 경호무술 지도자 1급을 취득한 자 – 2급 심판 자격을 취득하고 10회 이상의 대회 심판 경력이 있는 자

② 2급 심판

경호무술 2급 심판 자격취득과정	
직능표준교육시간	16시간
자격조건	– 경호무술지도자 2급 이상을 취득한 자

[별표 2] 자격승급 보수교육(제13조 제3항과 관련)

자격명	자격기준	의무교육시간
1. 경호무술지도자 1급	경호무술지도자 2급 자격을 취득하고 선수 및 지도경력이 3년 이상을 경과한 자	20시간
2. 경호무술지도자 2급	경호무술지도자 3급 자격을 취득하고 선수 및 지도경력이 2년 이상을 경과한 자	30시간

[별표 3] 인증자격교부대상자 의무교육과정(제14조 제2항과 관련)

자격명	의무교육시간
1. 경호무술지도자 1급	8시간
2. 경호무술지도자 2급	4시간
3. 경호무술지도자 3급	4시간

[별표 4] 자격갱신 보수교육(제15조 제2항과 관련)

자격명	자격갱신대상자	의무교육시간
1. 지도자자격	경호무술자격규정 제34조 제4항 규정의 자격유효기간이 지난 자	4시간
2. 심판자격	경호무술자격운영규정 제34조 제4항 규정의 자격유효기간이 지난 자	4시간

경호무술 교육과정

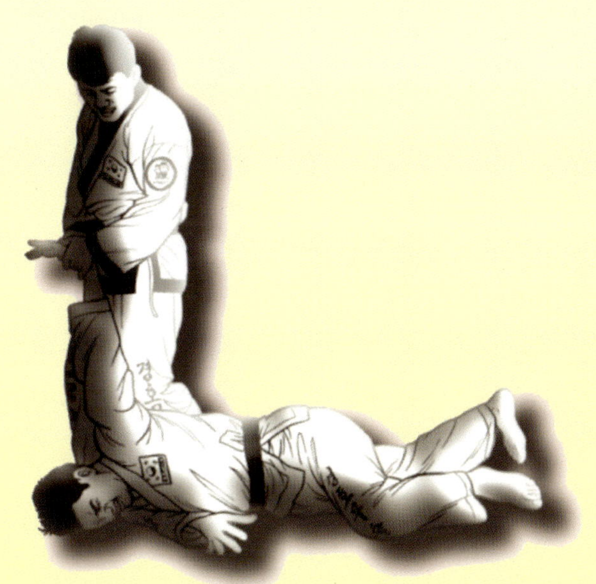

8. 경호무술 교육과정

(유급과정, 유단과정)

가. 지도자상 확립

- 존경받는 무인상
- 자상하고 존경받는 지도사상 구현
- 수련생을 진심으로 사랑하는 자세
- 공부하고 연구하는 모습을 보여주는 지도자상
- 지식/정보의 전달과 창출의 지도자상
- 대상에 맞춰 형, 오빠, 삼촌, 아버지 같은 지도자 (진로상담/고민상담)
- 최선과 노력을 다하고 실천하는 모습
- 주인의식과 리더쉽을 일깨워주는 지도자
- 올바른 언행, 행동, 생활의 모습을 실천하는 지도자
- 명령과 복종의 관계 보다 가르침과 배움으로 깨달음을 주는 지도자
- 수련생의 개성과 의견을 최대한 존중하고 이끌어주는 지도자

나. 교육 · 지도계획

- 시범식 지도가 최상의 가치
- 과학적이고 체계적인 이론과 실기 지도
- 수련생 개개인이 느낄 수 있도록 소중하고 특별한 관심 지도
- 유급자 및 유단자 모두 매일 배우고 얻을 수 있는 교육계획 및 지도
- 유급자 및 유단자 수준에 따른 체계적인 교육계획 및 지도계획
- 교육시작 시간 엄수 및 적절한 수련시간 배분

- 수련내용에 따른 다양한 프로그램 진행으로 흥미유발

다. 테마(Thema)별 경호무술 수련기획 전략

가) 다양한 Thema를 교육과 지도에 주제로 활용
- 월 단위(대주제) 주 단위(중주제) 일 단위(소주제) 별 지도계획 수립

나) 경호무술수련을 통해 얻을 수 있는 다양한 테마에 따른 수련
- 무술(武術) [기술체계, 수련체계]
- 기(氣) = 활동의 근원이 되는 힘. [생명력, 기의이동, 기의집중, 기력, 생기, 원기, 용기]
- 신체의 신비[급소, 관절, 골격, 균형, 중심, 근력, 유연성, 순발력, 탄력, 반응력, 적응력]
- 인간과 사회[사회, 사회인, 효, 인성, 가족, 희생, 지성, 이성, 본성, 이상, 창조, 꿈, 정의]
- 노력과 성취[자기계발, 수련, 단련, 고뇌, 인내, 자신감, 성취감, 만족감, 발전, 혁신]
- 철학(무술정신)[무술정신, 무술관, 무(술)인, 경호무술인, 자아실현, 무술역사]

1) 유급 · 유단자/기초 · 준비수련 공통

구분		수련체계	수련단계	기법수련(표준교서 참조)
등급	기술체계			
공통과정	기초수련법	예의	원복	원복 착용 · 관리
			인사법	목례 1. 수련인사법
	준비수련법	명상호흡법	명상 단전호흡법	2. 명상훈련 · 묵념 3. 무중물체떠밀기 3-1. 배젓기 3-2. 전환단전호흡법
		근 신전운동	근 신전운동	4. 무릎돌려주기 5. 무릎굽혀주기 6. 좌우 무릎잡고 다리 짧게 벌려 눌러주기 7. 좌우 무릎잡고 다리길게 벌려 눌러주기 8. 허리굴신 등배운동 9. 양팔벌려 좌우 손끝으로 찍어주기 10. 양손내려 올려 허리 돌려주기 11. 허리잡고 수평허리 돌려주기 12. 다리교차 벌려주기 13. 옆으로 달리 벌리고 엎드려 앞가슴 대주기 14. 양다리 모아 앞가슴 대주기 15. 발목관절 돌려 풀어주기 16. 족도잡고 무릎관절 펴주기 17. 반누워 상단 옆차 지르기 18. 팔짱끼고 무릎꿇고 누워 몸통좌우 돌려주기 19. 무릎펴고 코 지면에 닿도록 밀어주기 19-2. 머리들어 버티기 20. 등배 신전 운동 21. 오뚜기식 후방낙선법 좌우족 바꿔 일어나기

공통과정		22. 막잡당 전환법 23. 해제역 전환법 24. 마무리 호흡법
	기초체력	①팔벌려높이뛰기, ②무릎차올리기, ③서전트점프, ④다리교차뛰기, ⑤팔굽혀펴기, ⑥다리교차차기, ⑦윗몸일으키기 ※ ①~⑦까지 순서대로 20회씩(3분 30초 만점. 5분내 기초체력 합격)

공통과정

- 기초수련 및 준비수련 응용
  명상호흡법(단전호흡법,)
  근 신전운동(팔 근신전, 다리벌려주기, 목 근신전, 몸통 근신전, 관절부 근신전 등)
  4방 전환법(유단자 8방 전환법)
  기타 응용 수련

2) 경호무술 유급자 교육공통

구 분			태 마	표준과정	세부지도과정
교양	인성교육	공동	• 무술원 생활수칙 • 경호무술인의 자세 • 존중 · 경애 · 사랑	• 우리는 Family다!	• 지도자 무술관 • 공동 프로그램운영 • 수련부별 지도 • 가족참여 지도 • 개별 면담 지도 • 야외 수련 • 단합 수련회
		초등	• 지 • 덕 • 체	지혜(식) .덕목. 체력	
		중고등	이성(理性)	• 인간의 본질적 특성 • 진위 · 선악 • 이성적 존재 · 판단	
		일반	자아(自我)	• 의식과 관념 • 의식의 통일	
	교양교육		사회성	• 이상적 사회 • 인간의 근본 • 인격 • 대인관계	
공동과정			준비수련법	• 심리준비 • 신체준비 • 부상예방	• 정신 신체 호흡 일체 • 근신전 운동
			기초수련법	• 예의 • 명상호흡 • 정신강화 • 기초체력 • 기초기술	• 예절법 • 기선제압법 • 체력단련법 • 신체이용법 • 기수련법(내공법) • 막기법 • 치기법 • 공방자세
이론			경호무술 총칙	• 창시배경	• 경호무술 정의 • 경호무술 기원 • 경호무술 어원 • 경호무술 목적 • 경호무술 사상 • 경호무술 3원리 • 경호무술의 철학

	이론	인성 및 교양 강의	• 지도자 철학	• 개인면담 • 월별 주제 강연
실기		전환선법	• 전환선법	• 전환선법 기본 60번
		호위발차기법	• 단식발차기 • 복식발차기 • 전환선법발차기	• 하단(중) 11번 • 기본단식 18번 • 기본복식 • 혼용복식 • 좌우족복식 • 좌우족혼용복식 • 전환선법(기본혼용) • 점프 · 특수발차기
		호위권무형법	• 기본 권법 • 복식 권법 • 2방, 4방 권법	• 기본권법 9번 • 전방 • 복식권법(좌우. 혼용) • 2방 복식(혼용) • 4방 복식(혼용)
		호위 낙선법	• 낙법(전,후,측,회전) • 선법(전,후,측) • 낙선법	• 일수법 • 양수법 • 일수족법 • 양수족법 • 역선법 • 낙선법
		호위호신술법	• 기본해제술(혼용,응용) • 기본호신술(혼용,응용) • 등급별호신술	• 기본 손목해제술 • 기본 호신술(15수) • 부위에 따른 술기 • 치기 및 차기술 • 꺾기 및 조르기술 • 찌르기 및 던지기술 • 선제압 호신술
		호위대련법	• 1대 1 대련법	• 방어법 • 공격법 • 대련전환선법 • 공방대련 • 권법대련 • 호신술대련 • 낙선법대련 • 약속 / 자유 대련 • 종합대련

3) 경호무술 유급자 표준교육프로그램

구분		수련체계	수련단계 (표준교서)	기법수련(표준교서 참조)
등급	기술체계			
무급 수련기간 (1개월)	준비수련법	명상호흡법	묵념(280p) 단전호흡법	정적명상호흡, 동적명상호흡 무중물체떠밀어주기(천지수공단전호흡법) 배젓기 전환단전호흡법
	기초수련법	기초자세	● 견제자세 ● 서기자세	● 공방 손(팔) 견제자세 　정권자세(상팔, 중팔, 하팔) 　수도자세(상팔, 중팔, 하팔) 　정도자세(상팔, 중팔, 하팔) 　도정자세(상팔, 중팔, 하팔) ● 공방 발(다리) 서기자세 　평서기 자세 　무릎반평서기 자세 　무릎평서기 자세 　앞(반앞굽, 앞굽)서기 자세 　뒤(반뒤굽, 뒤굽)서기 자세 　전교자세
	호위 발차기법	단식 발차기법	하단발차기법	1. 족기지르기 2. 족기차돌리기 3. 발끝찍기 4. 내서외로 발끝찍기 5. 뒤꿈치대각내려찍어차기 6. 앞차기 7. 옆차기 8. 옆차 뒤꿈치걷어 돌려차기 9. 족도차돌리기 10. 뒤차기 11. 뒤차 뒤꿈치걷어 돌려차기
	호위 낙선법	기본낙선법	낙선법(구르기)	● 전방낙선법(앞구르기) 　양족법(두발구부려구르기) 　편일족법(한발구부려구르기) ● 후방낙선법(뒤구르기) 　양족법 　편일족법
	호위 호신술법	기본호신술	손목해제술	● 한손목 잡혔을 때 해제술 　기본 13수(1번~13번)
	준비수련법		전환법	오뚜기식 후방 낙선법 막잡당 전환법 해제역 전환법
	전환선법	기본 전환선법		평교 평교앞(뒷)전환(평교전환) 평전(전방) 평후(후방) 평전(후)교 평좌(우)교 대각평전

10급 수련기간 (1개월)	기초수련법	기초자세	• 막기자세	• 수팔막기자세(단식, 복식, 연결) 상단막기(AB) 중단막기(AB) 하단막기 아래막기 • 수팔막기의 종류 일수막기(기본 12자세) 양수막기(기본 6자세) 교차막기(기본 5자세) ※ 수련 자세의 지도 방법 무릎 반 평서기 자세에서 앞서기 자세에서
	호위 권무형법	권무형법	기본권법	권법 1번 권법 2번 권법 3번 권법 4번
	호위 발차기법	기본 발차기법	단식발차기 복식발차기 2방 발차기	• 단식발차기(1번~18번) 1. 중상단막고 뒤꿈치 차올리기(내리기) 2. 중상단막고 족도 차올리기 3. 안다리 돌려차기 4. 바깥다리 돌려차기 5. 발끝 찍어차기(발끝찍기) 6. 내서외로 발끝칙어차기 7. 뒤꿈치 대각 내려 찍어차기 8. 옆차기 9. 뒤꿈치 걷어 돌려차기 10. 앞말 옆차기(뒤꿈치 걷어 돌려차기) 11. 뒤꿈치 원그려 돌려차기 12. 앞차기 13. 족장 밀어차기 14. 뒤차기(뒤꿈치 걷어 돌려차기) 15. 서서돌려차기 16. 앉아 돌려차기 17. 무릎 대각 올려차기 18. 발등 반달 내려찍어차기 ※ 무중, 타격 • 하단복식발차기(1번~11번 중 지정) 복식발차기 혼용 복식발차기 이방전측 복식발차기
	호위낙선법	기본낙선법	• 기본 낙법 • 낙선법	• 전방낙법 기본(무릎앉아-일수, 양수) • 후방낙법 기본(무릎앉아-일수, 양수) • 측방낙법 기본(무릎앉아) • 전방낙선법(앞구르기) 편양족법(한발구부려구르기) • 후방낙선법(뒤구르기) 편양족법

급 / 수련기간	호위	기초	손목해제술	

10급
수련기간
(1개월)
	호위
	호신술법
		기초
		호신술법
			손목해제술	• 한손목 잡혔을 때 혼용 해제술(1번~13번)
				  예) 1번~2번, 4번~8번, 5번~13번
				  연속혼용(1번~7번 연속 연결)
				• 한손목 엇갈려 잡혔을 때 해제술(기본,혼용,응용)
				• 한손목 양수로 잡혔을 때 해제술(기본,혼용, 응용)

9급 수련기간 (1개월)	준비수련법	전과정		준비수련법 24가지

	전환선법	기본
		전환선법
				• 10급 전과정
				  평선 AB
				  반앞(뒤)전환
				  반원앞전환 AB
				  반원뒤전환
				  앞반앞(뒤)전환
				  앞반원앞전환
				  앞반원뒤전환 AB
				  반원바꿔앞전환
				  앞반원꿔뒤전환

	기초수련법	기초자세	• 치기자세	• 10급 전과정
				• 치기자세(A형,B형)
				  정권치기(평−배−세−쥔 정권)
				  수도치기(평−배−세−상세−삼각세 수도)
				
				※ 수련 자세의 지도 방법
				  무릎 반 평서기 자세에서
				  앞서기 자세에서
				  단식치기
				  복식치기
				  연결치기

	호위
	권무형법
		권무형법	• 기본권법	• 10급 전과정
				  권법 5번
				  권법 6번
				  권법 7번
				  권법 8번
				  권법 9번

	호위
	발차기법
			• 단식발차기
			• 복식발차기
				• 10급 전과정
				
				※ 무중, 타격
				• 하단좌우복식발차기
				  좌우 복식발차기
				  좌우혼용 복식발차기
				  좌우 이방 전측 복식 발차기

	호위낙선법	기본낙선법	• 기본낙법 • 낙선법	• 10급 전과정 • 전낙선법 • 점프 전방낙선법
	호위 호신술법	기본호신술	• 손목수	• 10급 전과정 • 기본 호신술(손목) 1번~7번

8급 수련기간 (1개월)	준비수련법	전과정		준비수련법 24가지
	전환선법	기본 전환선법		• 9급 전과정 • 전환법 • 전환선법 • 전진전환선법 • 좌우전진전환선법
	기초수련법	기초자세	• 공격자세	• 9급 전과정 • 막기자세(공방자세에서) • 치기자세(공방자세에서) ※ 수련 자세의 지도 방법 　9급 전 과정 동일(단식, 복식, 연결) 　1대 1 방어 　1대 1 공격 　1대 1 공방자세 • 전환선법 막기/치기 자세 　반원앞전환, 앞반원뒷전환 　(단식,복식,연결) [치기의 지도 방법] 　단식치기 　복식치기 　세 번치기(상중하,하중상,중상하,중하상) 　연결연속치기
	호위 권무형법	권무형법	• 기본권법	• 9급 전과정 • 1대 1권법 공방자세 ※ 무중, 타격
	호위 발차기법		• 복식발차기 • 좌우족 　복식발차기	• 9급 전과정 • 복식발차기(복식, 혼용) 　기본단식발차기를 복식으로 　기본단식발차기를 혼용해서 • 좌우복식발차기(복식, 혼용) 　하단발차기 혼용
	호위낙선법	기본낙선법	• 기본낙법 • 낙선법	• 9급 전과정 • 전 낙선법 • 전방낙선측법
	호위 호신술법	기본 호신술법	• 기본손목수	• 9급 전과정 • 기본 호신술 8번 ～ 15번
7급 수련기간 (1개월)	준비수련법	전과정		준비수련법 24가지
	전환선법	기본 전환선법		• 8급 전과정 • 4방 전환법 A B C
	기초수련법	기초자세	• 공격자세	• 8급 전과정 • 막고 치기 　예) 일수 막고 치기 　　　연속 막고 치기 　　　혼용 막고 치기(치기 혼용) ※ 수련 자세의 지도 방법 　8급 전 과정 　1대 1 방어 및 1대 1 공격

7급 수련기간 (1개월)	호위 권무형법	권무형법	• 전방권법	• 8급 전과정 • 전방(평전) 권법 • 1대 1권법 공방자세

	호위
	발차기법
		복식
		발차기법
			• 복식발차기
			• 좌우족
			  복식발차기
				• 8급 전과정
				• 혼용 복식발차기(일족)
				  단식발차기 혼용
				    예) 1번~2번, 5번~8번
				  하상단발차기 혼용
				    예) 하1번~단1번, 하3번~단7번

	호위낙선법	기본낙선법	• 기본낙법 • 기본선법 • 낙선법	• 8급 전과정 • 전, 후, 측방 선법(족법, 수족법) • 점프 낙법 전방, 후방, 측방 낙법
	호위 호신술법	기본 호신술법	• 기본손목수	• 이전 전과정 • 기본 호신술 15수(혼용,정확성,속도) 기본 호신술 혼용, 응용
6급 수련기간 (1개월)	준비수련법	전과정		준비수련법 24가지
	전환선법	기본 전환선법		• 7급 전과정 • 4방 전환선법(A,B,C) • 8방 전환법
	기초수련법	기초자세	• 공격자세	• 7급 전과정 • 막고(일수, 양수, 교차 막기) 차기자세 • 전환선법 막고 치기

	호위
	권무형법
		권무형법	• 복식권법	• 7급 전과정
				• 전진복식권법
				• 전진혼용복식권법
				  예) 1~2번
				      3~4번
				      5~7번
				      1~8번
				      9~1번

	호위
	발차기법
		복식
		발차기법
			• 좌우족복식	• 7급 전과정
				• 좌우족복식발차기
				  좌우족 하단 복식발차기
				  좌우족 상(중)단 복식발차기
				
				• 혼용 좌우족 복식발차기
				  좌우족 하단 발차기 혼용
				  좌우족 상(중)단 발차기 혼용
				  좌우족 하상(중)단 복식발차기 혼용

	호위낙선법	기본낙선법	• 낙법 • 선법 • 낙선법	• 7급 전과정
	호위 호신술법	기본 호신술법	• 기본술 응용	• 7급 전과정 • 중팔잡혔을때(기본, 혼용, 용용) - 기본술 1번 ~ 15번

급				
5급 수련기간 (1개월)	준비수련법	전과정		준비수련법 24가지
	전환선법	기본 전환선법		• 6급 전과정
	기초수련법	기초자세		• 6급 전과정 전환선법 막기 전환선법 치기 전환선법 막고치기
	호위 권무형법	권무형법	• 복식권법	• 6급 전과정 • 좌우전진복식권법 • 혼용좌우전진복식권법
	호위 발차기법	복식 발차기법	• 2방 복식	• 6급 전과정 • 2방 복식발차기(단식발차기) 전측, 좌우, 전후
	호위낙선법	기본낙선법	• 낙법 • 선법 • 낙선법	• 6급 전과정 • 전낙선법 고(높이), 횡(멀리) • 전방낙선측법 고(높이), 횡(멀리)
	호위 호신술법	기본 호신술법	• 잡혔을 때	• 6급 전과정 • 어깨 잡혔을 때(기본, 혼용, 응용)
4급 수련기간 (1개월)	준비수련법	전과정		준비수련법 24가지
	전환선법	기본 전환선법		• 5급 전과정
	기초수련법	기초자세		• 5급 전과정 전환선법 막고 차기
	호위 권무형법	권무형법	• 2방 권법	• 5급 전과정 ※ 수련 지도 방법 전방, 전진, 좌우전진 응용
	호위 발차기법	복식 발차기법	• 이방복식	• 5급 전과정 • 특수(점프)발차기 이단 발끝찍어차기
	호위낙선법	기본낙선법	• 낙법 • 선법 • 낙선법	• 5급 전과정 • 전방무성낙법 • 후방무성낙법(양수족법)
	호위 호신술법	기본 호신술법	• 잡혔을 때	• 5급 전과정 • 머리 잡혔을 때(기본, 혼용, 응용)
	호위대련법	기본대련법	• 공방기술	• 대련 발 서기자세 • 대련 손 세워자세 • 대련전환선법
3급 수련기간 (1개월)	준비수련법	전과정		준비수련법 24가지
	전환선법	기본 전환선법		• 4급 전과정
	기초수련법	기초자세		• 4급 전과정
	호위 권무형법	권무형법	• 4방 권법	• 4급 전과정 • 좌우전후 복식권법 • 혼용 좌우전후 복식권법
	호위 발차기법	복식 발차기법	• 4방 복식	• 4급 전과정 • 특수(점프)발차기 이단 옆차기

3급 수련기간 (1개월)	호위낙선법	기본낙선법	• 낙법 • 선법 • 낙선법	• 4급 전과정 ※ 무중, 장애물
	호위 호신술법	기본 호신술법	• 잡혔을 때	• 4급 전과정 • 멱살 잡혔을 때(기본, 혼용, 응용)

	호위대련법	기본대련법	• 공방기술
			
			• 대련법
				• 방어대련법
				  대련 수팔 막기
				  전환선법 막기
				  전환선법 피하기
				• 약속대련

2급 수련기간 (1개월)	준비수련법	전과정		준비수련법 24가지
	전환선법	기본 전환선법		• 3급 전과정
	기초수련법	기초자세		• 3급 전과정

	호위
	권무형법
		권무형법	• 8방 권법	• 3급 전과정
				• 좌우 4방 복식권법
				• 혼용 좌우 4방 복식권법
				  예) 1~2~3~4번
				      8~6~4~2번
				      9번 자세에서 (혼용)좌우 4방

	호위
	발차기법
		점프
		발차기법
		
		특수
		발차기법
			• 점프발차기
			• 특수발차기
				• 3급 전과정
				• 2방 좌우복식발차기(전측, 좌우, 전후)
				• 특수(점프)발차기
				  두발모아 높이차기
				  두발 벌려높이차기
				※ 무중, 타격

	호위낙선법	기본낙선법	• 낙법 • 선법 • 낙선법	• 3급 전과정 • 후방낙선법(양수법) • 점프회전측방낙법
	호위 호신술법	기본 호신술법	• 제압공격시	• 3급 전과정 • 허리 잡혔을 때(기본, 혼용, 응용)
	호위대련법	기본대련법	• 1대 1대련 • 대련법	• 권법대련(한번 공방, 두 번 공방) • 발차기 대련(한번 공방, 두 번 공방) • 수족대련(한번 공방, 두 번 공방) • 약속대련 및 자유대련
1급 수련기간 (1개월)	준비수련법	전과정		준비수련법 24가지

	전환선법	기본
		전환선법
				• 유급 전과정
				• 응용 전환선법
				  대각반원바꿔앞전환 AB
				  대각앞반원바꿔뒤전환
				  대각평후앞반원바꿔뒤(앞)전환
				  후방대각 평후
				  후방대각앞반원바꿔뒤(앞)전환
				  대각반원 뒤전환 앞반원 바꿔 앞전환
				  전(후)방(앞)반원앞전환
				  전(후)방(앞)반원뒷전환
				  후방앞반원바꿔앞전환후반원앞전환
				  좌우전환법
				  평후전법
				• 혼용전환선법

경호무술

기초수련법	기초자세		• 유급 전과정
호위 권무형법	권무형법	• 연속권법 • 수족법	• 유급 전과정

호위 발차기법	특수 발차기법	• 점프발차기
		• 특수발차기
		(448~463p)
			• 유급 전과정
			• 특수(점프)발차기
			  거들어 발끝찍어차기
			  거들어 안다리 차돌리기
			  점프 서서 돌려차기
			  점프 앉아 돌려차기
			• 점프 복식발차기
			※ 무중, 타격

호위낙선법	기본낙선법	• 낙법 • 선법 • 낙선법	• 유급자 전과정 • 수족으로 옆돌기(일수) • 수(일수)족으로 앞돌기(덤블링) • 점프전법(무수족법, 점프앞공중돌기)
호위 호신술법	호신기술자세	• 막기법 • 치기법 • 차기법 • 던기기법 • 제압술법	• 악수할 때(기본,혼용,응용) • 손목 엇갈려 잡혔을 때(기본,혼용,응용) • 손목 옆에서 잡혔을 때(기본,혼용,응용) • 반대쪽으로 잡혔을 때(기본,혼용,응용)
호위대련법	기본대련법	• 1대 1대련 • 대련법	• 유급 전과정 • 연속 공방 약속 대련 • 호신술 대련 • 약속대련 및 자유대련

1급 수련기간 (1개월)

⊙ 1단 승단 준비교육과정

구분		수련체계	수련단계 (표준교서)	기법수련(표준교서 참조)
등급	기술체계			
1 단 준비과정 (3개월)	준비수련법	준비 수련법	• 예의 • 명상호흡 • 근신전운동	준비수련법 24가지 ※ 자세교정
	전환선법	전환선법	• 기본 60	• 유급 전과정 ※ 신속성 · 정확성
	기초수련법	기초자세	• 막기법 • 치기법 • 혼용 • 기초체력	• 유급 전과정 ※ 자세교정, 반복복습지도
	호위 권무형법	권무형법	• 기본권법 • 복식(혼용) • 4방(혼용)	• 유급 전과정 ※ 자세교정, 반복복습지도
	호위 발차기법	발차기법	• 기본 • 복식(혼용) • 특수	• 유급 전과정 ※ 자세교정, 반복복습지도
	호위낙선법	낙선법	• 낙법 • 선법 • 낙선법 • 점프 · 응용	• 유급 전과정 ※ 자세교정, 반복복습지도
	호위 호신술법	호신술법	• 해제술 • 기본수 • 응용수 • 공격별응용	• 유급 전과정 ※ 자세교정, 반복복습지도
	호위대련법	대련법	• 1대 1	• 유급 전과정 ※ 공방기법지도, 자세교정

4) 경호무술 유단자 교육공통(1단~4단)

구 분			태 마	표준과정	세부지도과정
교양	인성교육	공동	• 유단자의 자세와 생활 • 경호무술인의 자세 • 존중 · 경애 · 사랑 • 지. 덕. 체	• 우리는 Family다! • 우리는 리더이다! • 지혜(식).덕목.체력	• 지도자 무술관 • 공동 프로그램운영 • 수련부별 지도 • 가족참여 지도 • 개별 면담 지도 • 야외 수련 • 단합 수련회
		초등	• 정의감 • 용기	• 예의범절 • 바른생활	
		중고등	이상의 실현	• 꿈과 미래 비전 • 계획과 실천 • 인내와 고뇌의 결실	
		일반	자아(自我)	• 자아실현 • 존재가치 • 사회공헌	

교양	교양교육	사회성	• 정도(正道) • 자기계발 • 혁신과 발전 • 노력과 인내 • 계획과 성취	
		리더쉽	• 지혜로움 • 솔선수범 • 희생과 헌신	
	공동과정	준비수련법	• 심리준비 • 신체준비 • 부상예방	• 정신 신체 호흡 일체 • 근신전 운동
		기초수련법	• 예의(사회예절) • 명상호흡(정적.동적) • 정신강화(인내.신념) • 기초체력(근력.지구력) • 기초기술(자세.기법)	• 예절법 • 기수련법 • 기선제압법 • 체력단련법 • 신체이용법
	수련생지도자양성과정	이론 · 실기강의	• 경호무술학문체계 • 기술체계 원리 • 지도법	• 연구체계 원리 • 기술체계 원리 • 수련체계 원리 • 창시자 무술관 • 지도자론
이론	경호무술 총칙	경호무술 학문체계	• 경호무술 학문체계	• 학문적 배경 • 경호무술의 특성 • 교육학적 가치 • 연구기초와 효과 • 경호무술의 기초 • 경호무술의 수련 • 경호무술 연구체계 • 경호무술 기술체계
	인성 및 교양 강의	• 지도자 철학 • 창시자 무술관 • 세계의 무술사		• 개인면담 • 월별 주제 강연
	경호무술의 원리	수련법 원리	• 수련법 원리	• 단전호흡법 원리 • 기 수련원리 • 신체(해부학적)원리 • 호위발차기법 원리 • 호위권무형법 원리 • 호위호신술법 원리
	전환선법	전환선법	• 전환선법	• 전환선법 1번~60번 • 전환선법 응용 수련
실기	호위발차기법		• 단식발치기 • 복식발차기 • 전환선법발차기 • 낙선법발차기 • 특수발차기 • 응용발차기 • 호위발차기	• 하. 중. 상단 • 전환선법발차기 • 복식발차기 • 이(사)방복식발차기 • 좌우복식발차기 • 낙선법연결발차기 • 뛰어(점프)차기 • 특수발차기 • 연결발차기 • 호위발차기

실기			
	호위권무형법	● 권법 ● 수법 ● 팔법 ● 족법 ● 수족법 ● 무기법 ● 권무형법 ● 호위권무형법	● 권법 – 전방권법 – 전진권법 – 좌우전진 – 전후권법 – 2방권법 – 4방권법 – 8방권법 – 응용권법 ● 수족형법 – 수족법 – 족수법 – 수족수법 – 족수족법 ● 무기형법 – 봉무기형법 – 검무기형법 – 급조무기형법 ● 응용형법 – 수족형법+무기형법 ● 전환선법권법 ● 연결권무형법 ● 호위권무형법 ● 팀웍호위권무형법
	호위 낙선법	● 낙법 ● 선법 ● 낙선법 ● 역선법 ● 낙호법 ● 선호법 ● 호위낙선법	● 일수법 ● 양수법 ● 일족법 ● 양족법 ● 무수법 ● 점프 ● 응용 ● 호위낙선법 ● 팀웍호위낙선법
	호위특기술법	● 공격법 ● 보디풀스아웃기법 ● 보호법(단식.복식) ● 호위법	● 무증공법 ● 호위잡기법 ● 탈출해제법 ● 진로개척법 ● 연결방어법 ● 육탄방어법 ● 팀웍호위특기술
	호위호신술법	● 호신술(공격 · 방어) ● 호위술(공격 · 방어) ● 맨손 ● 무기 ● 공격에 따른 술기	● 기초기술자세 　막기, 잡기, 치기 　차기, 꺾기, 긋기 　던지기, 제압기 　찌르기, 베기 ● 단수 ● 복수 ● 호위호신술 ● 팀웍호위호신술
	호위대련법	● 대련 ● 호위대련	● 1대 1대련 ● 1대 다수대련 ● 맨손대 맨손대련 ● 맨손대 무기대련 ● 무기대련 ● 약속대련 ● 제한대련 ● 팀웍호위대련

실기	호위사격술법	• 총 파지 법 • 사격자세	• 조준사격 • 이동사격 • 지향사격 • 호위사격 • 팀웍호위사격
	응급구급법	• 신체 • 생명	• 부위별 부상 • 부상의 유형 • 부목 및 운반 • 상처진단 • 응급처치 • 구조호흡 • CPR

（1） 1단 과정 표준교육프로그램

구 분	기술체계	수련단계 (표준교서)	기법수련(표준교서 참조)

1단
교육기간
(1년)
	기초수련법	• 명상훈련
		• 기(氣)수련훈련
		• 기선제압법
		
		• 수공격법
		
		• 두 공격법
		• 기초체력
			• 유급자 전 과정 반복 숙달
			• 지, 수, 화, 풍, 공 원소에 대한 의식집중
			• 기(氣)의 집중
			• 기선제압훈련
			  정신적 기선 제압
			  기술적 기선 제압
			  공격의 원리(급소, 관절, 약골)
			• 정권치기
			  (반평정권, 반배정권, 반세정권, 모지정권, 중지정권, 인지정권, 이지반중정권, 삼지반중정권)
			• 수도치기
			  (모지모수도, 삼각평수도, 삼각제수도, 삼각세수도, 세수장)
			• 관수도
			  (평관수도, 배관수도, 삼지반관수도, 사지반관수도, 모지편관수도, 인지관수도, 이지편관수도, 삼지편관수도, 오지편관수도, 모지관수도, 이지모관수도, 삼지모관수도, 오지모관수도)
			• 두 공격 형태
			  (이마, 두측, 두백, 두천)
			• 체력강화훈련

	전환선법	• 발의 스텝	• 유급자 전 과정 반복 숙달 • 연속 전환선법 • 발차기법 응용 훈련 • 권무형법 응용 훈련 • 호신술법 응용 훈련 • 대련법 응용 훈련
	호위권무형법	• 권법 • 수족형법 • 수팔막기법 • 발막기법 • 수팔치기법	• 유급자 전 과정 반복 숙달 • 수족형법(권발법)(기본, 혼용, 응용) • 족수형법(발권법)(기본, 혼용, 응용) • 수족수형법(권발권법)(기본, 혼용, 응용) • 족수족형법(발권발법)(기본, 혼용, 응용) • 2방 권법(기본, 혼용, 응용) • 4방 권법(기본, 혼용, 응용) • 8방 권법(기본, 혼용, 응용) • 연결권법(기본권법 혼용 3회) • 발막기법, 혼용막기법 • 수팔치기법

1단
교육기간
(1년)
	호위발차기법	• 복식발차기
		
		• 특수발차
		
		• 전환선법발차기
		• 점프발차기
		• 낙선법발차기
		• 연결발차기
			• 유급자 전 과정 반복 숙달
			• 복식발차기
			  (좌우)2방 복식발차기(기본, 혼용)
			  (좌우)4방 복식발차기(기본, 혼용)
			• 특수발차기
			  이단 점프 돌려차기(거들어 돌려차기)
			  이단 뒤차기(거들어 돌려차기)
			• 전환선법발차기
			• 점프발차기(기본)
			  점프 (좌우)복식발차기(기본, 혼용)
			  점프 2방 (좌우)복식발차기(기본, 혼용)
			• 좌우 교차 복식발차기(혼용)

	호위낙선법	• 낙법(전.후.측) • 선법(전.후.측) • 낙선법(전.후)	• 유급자 전 과정 반복 숙달 • 혼용 낙법, 선법 • 점프낙법 • 점프낙선법 • 역선법 • 낙선법(기본, 혼용) • 응용낙선법

	호위호신술법	• 해제술
		
		• 맨손
		
		• 공격별 술기
			• 유급자 전 과정 반복 숙달
			• 양손목(위아래) 잡혔을 때 해제술 13수
			  기본, 혼용, 응용
			• 양수로 잡혔을 때(기본, 혼용, 응용)
			  기본: 손목(위), 중팔, 어깨, 역살(엇갈려)
			  뒤에서 잡혔을 때 (손목,중팔,어깨)
			  뒷덜미 잡혔을 때
			• 한손(양손) 외기술호신술(기본, 혼용, 응용)
			  치기,찌르기,차기,꺾기,걸기,조르기,던지기 등
			• 제압해제술(해제 역제압 호신술)
			  몸통(앞뒤), 목(앞, 뒤, 옆), 수팔 +자 꺾어,
			  누워있을 때(배위, 옆), 엎어져 있을 때
			  발로 목 조를 때(누워,엎어져)

	호위대련법	• 공격법
		• 방어법
			• 1대 1 대련 공격법
			                    방어법
			                  공방대련법

2단 승단 준비과정			• 1단 전 과정 ※ 자세교정, 신속성, 정확성, 반복복습지도

(2) 2단 과정 표준교육프로그램

구 분	기술체계	수련단계 (표준교서)	기법수련(표준교서 참조)
2단 교육기간 (2년)	기초수련법		• 1단 전 과정 반복 숙달 • 혼용, 응용
	전환선법		• 1단 전 과정 반복 숙달 • 혼용, 응용
	호위권무형법	• 권법 • 수족형법 • 무기형법	• 1단 전 과정 반복 숙달 • 연결권법 • 수족형법(응용) • 혼용연결권법(수족형법 10개 동작) • 무기형법(기본,복식,2방,4방,8방) 　무기공방자세(봉, 삼단봉, 톤파, 검 기타) 　무기형법(봉, 삼단봉, 톤파, 검 기타)
	호위발차기법	• 복식발차기 • 특수발차기 • 호위발차기	• 1단 전 과정 반복 숙달 • 전환선법발차기 • 복식발차기(점프) 　4방 (좌우)복식발차기(일족,좌우족,혼용) 　복식 3연결 발차기(하중상,상중하,중하상) 　연속 돌려차기, 뒤차기(5연속) 　제자라 점프 교차차기(기본, 혼용) 　점프 2방 (좌우)복식발차기 　점프 4방 (좌우)복식발차기(기본, 혼용) • 특수발차기 　이단 거들어 뒤차기(제자리, 뛰어) 　이단 두발모아 옆차기(제자리, 뛰어) 　이단 두발모아 발끝찍기(제자리, 뛰어) 　응용 특수발차기(점프, 낙선법 응용) • 호위발차기(응용, 연결 5개 동작) • 연결혼용발차기(연결 10개 동작)
	호위낙선법	• 낙법 · 선법 • 낙선법(전.후) • 낙호법 • 선호법 • 호위낙선법	• 1단 전 과정 반복 숙달 • 혼용 낙선법(낙법, 선법) • 혼용 점프낙선법(낙법) • 응용 낙선법 • 연결낙선법(5개 동작) • 낙호법(기본, 혼용) • 선호법(기본, 혼용) • 호위낙선법(기본)
	호위호신술법	• 수팔공격할때 • 족공격할때 • 무기공격할때 • 해제역제압 • 무기이용술	• 1단 전 과정 반복 숙달 • 엎어치려 할 때 • 정권치기로 공격 할 때(평,배,쥔정권) • 수도치기로 공격 할 때(평,배,세수도) • 잡으려 할 때 • 발차기로 공격 할 때(앞,옆,발끝 차기) • 단검으로 공격 할 때 • 단(중)봉으로 공격 할 때 • 권총(소총)으로 겨눌 때(탈취 및 제압) • 선수제압술(단수, 복수 혼용) 　손(양손)으로 잡으려 할 때, 손으로 치려 　할 때, 발로 차려 할 때, 수팔 제압술, 　상체 제압술, 하체 제압술 • 무기선수 및 호신술 　선공격, 공격해 올 때(기본, 제압법) • 급조 무기 이용법

2단
교육기간
(2년)
	호위대련법	● 공격법
		● 방어법
		● 호위법
			● 1대 1 공방대련
			  맨손
			  무기대 맨손
			  무기대 무기
			● 1대 1 호위대련
				기초자세 이용법
				전환선법 이용법
				호위낙선법 이용법

3단 승단 준비과정		● 2단 전 과정 ※ 자세교정, 신속성, 정확성, 반복복습지도		

（3）3단 과정 표준교육프로그램

구 분	기술체계	수련단계 (표준교서)	기법수련(표준교서 참조)
3단 교육기간 (3년)	기초수련		● 2단 전 과정 반복 숙달 ● 혼용, 응용
	전환선법		● 2단 전 과정 반복 숙달 ● 혼용, 응용
	호위권무형법	● 권법 ● 수족형법 ● 무기형법 ● 권무형법 ● 호위권무형법	● 2단 전 과정 반복 숙달 ● 권법(기본권법 응용, 복식권법 응용) ● 수족법(혼용, 복식응용, 4방, 8방, 연결) ● 무기공방자세(쌍무기, 혼용, 응용, 연결) ● 무기형법(검, 봉, 기타무기 - 양수) 2방, 4방, 8방, 연결 ● 권무형법(혼용, 응용, 연결) ● 호위권무형법(혼용, 응용, 연결) ● 연결호위권무형법 ● 팀웍 호위권무형법(팀단위)

	호위발차기법	● 복식발차기
		
		● 특수발차기
		
		● 응용발차기
		● 호위발차기
			● 2단 전 과정 반복 숙달
			● 앞발차기(단식, 복식, 혼용, 응용)
			● 전환선법발차기(복식, 혼용, 4방, 8방전환법)
			● 이단교차좌우복식발차기(기본, 혼용)
			● 특수발차기(응용, 혼용, 연결 5개 동작)
			  두발 모아 벌려 원그려 돌려차기
			  발목 감아 차기(A,B)
			  허리 감아 차기(A,B)
			  이단 목감아 차기
			  이단 좌우×자 교차 차기
			● 호위낙선법발차기(낙선법, 낙호법, 선호법)
			● 연결혼용발차기(연결 20개 동작)
			● 호위발차기(응용, 연결)
			● 팀웍 호위발차기(팀단위)

	호위낙선법	● 낙선법 ● 호위낙선법	● 2단 전 과정 반복 숙달 ● 낙선법(혼용, 응용, 연결) ● 호위낙선법(낙호법, 선호법, 연결) ● 팀웍 호위낙선법(팀단위)

	호위특기술법	● 무증공법	● 기본 무증공법(보디플스아웃기법)
			  수팔 밀치기(밀어치기)
			  수팔 걸어 제끼기
			  어깨 밀치기
			  무릎 길어 제끼기

3단 교육기간 (3년)	호위특기술법	• 호위법	• 호위 잡기법 • 탈출해제법(응용, 혼용) • 진로개척법(응용, 혼용) • 연결방어법(응용, 혼용) • 육탄방어법(응용, 혼용) • 호위특기술법(경호대상자 두고) • 팀웍 호위특기술법(팀단위)	

	호위호신술법	• 호신술법(공방)
		
		• 공격별 호신술법
		
		• 호위호신술법
			• 2단 전 과정 반복 숙달
			• 외기술 호신술(2단 전과정 응용, 혼용)
			• 호위호신술
			  손목 해제술, 손목 기본 호신술 15수(전,후,측)
			  한손으로 잡혔을 때(1단, 2단 과정)
			  양손으로 잡혔을 때(1단, 2단 과정)
			  제압 했을 때(1단, 2단 과정)
			  엎어치려 할 때(1단, 2단 과정)
			  치려 할 때(1단, 2단 과정)
			  차려 할 때(1단, 2단 과정)
			  무기(칼,검,봉)로 공격 할 때(1단, 2단 과정)
			  무기(총, 투척)로 공격 할 때(1단, 2단 과정)
			• 팀웍크호위호신술(1단, 2단, 3단 과정)	

	호위대련법	• 공격법 • 방어법 • 호위법	• 1대 1 공방대련 • 1대 1 무기대련 • 1대 1 호위대련	기초자세 이용법 전환선법 이용법 호위발차기 이용법 호위권무형법 이용법 호위호신술법 이용법 호위낙선법 이용법

	호위사격술법	• 호위사격술법	• 기본사격술
			  총 파지법(한손,양손 – 권총, 소총 등)
			  사격술(조준,격발,호흡)
			• 기본사격자세
			  경계사격자세, 서서쏴, 무릎쏴, 의탁쏴
			  앉아쏴, 엎드려쏴, 누워쏴 자세 등
			• 사격술
			  이동사격술, 전환선법사격술, 의탁사격술
			  낙선법사격술
			• 호위사격술	

	응급구급법	• 응급구급법	• 구조호흡법 • CPR • 지혈법	
4단 승단 준비과정			• 3단 전 과정기초자세 이용법 • 경호실무론 ※ 자세교정, 신속성, 정확성, 반복복습지도	

（4）4단 과정 표준교육프로그램

구 분	기술체계	수련단계 (표준교서)	기법수련(표준교서 참조)
4단 교육기간 (4년)	기초수련법		• 기초수련법 원리 • 3단 전 과정 반복 숙달 • 혼용, 응용
	전환선법		• 전환선법 원리 • 3단 전 과정 반복 숙달 • 혼용, 응용
	호위권무형법	• 호위권무형법	• 호위권무형법 원리 • 3단 전 과정 반복 숙달 • 혼용연결권법(수족형법, 자유) • 혼용연결무기형법(자유) • 혼용연결권무형법(자유) • 혼용연결호위권무형법(자유) • 팀웍 호위권무형법(팀단위, 조단위)
	호위발차기법	• 호위발차기법	• 호위발차기법 원리 • 3단 전 과정 반복 숙달 • 특수발차기(응용, 혼용, 자유) • 호위낙선법 혼용발차기(자유) • 혼용연결발차기(자유) • 호위발차기(응용, 연결, 자유) • 팀웍 호위발차기(팀단위, 조단위)
	호위낙선법	• 호위낙선법	• 호위낙선법 원리 • 3단 전 과정 반복 숙달 • 낙선법(기본, 혼용, 자유) • 호위낙선법(기본, 혼용, 자유) • 팀웍 호위낙선법(팀단위, 조단위)
	호위특기술법	• 호위특기술법	• 호위특기술법 원리 • 3단 전 과정 반복 숙달 • 호위특기술법(자유) • 팀웍 호위특기술법(팀단위, 조단위)
	호위호신술법	• 호위호신술법	• 호위호신술법 원리 • 3단 전 과정 반복 숙달 • 3단 전 과정 응용 호신술 혼용 복식 호신술 • 연결호신술(자유) • 호위호신술법(상황에 따른) • 팀웍 호위호신술법(팀단위, 조단위)
	호위대련법	• 호위대련법	• 공방 대련(맨손)　　　　기초자세 이용법 • 무기 대련　　　　　　　전환선법 이용법 • 1대 2공방대련　　　　　호위발차기 이용법 • 호위대련의 원리　　　　호위권무형법 이용법 • 호위대련법　　　　　　호위호신술법 이용법 • 팀웍 호위호신술법　　　호위낙선법 이용법 　　　　　　　　　　　　호위특기술법 이용법 　　　　　　　　　　　　호위사격술법 이용법
	호위사격술법	• 호위사격술법	• 호위사격술의 원리 • 호위사격술 • 팀웍 호위사격술(팀단위, 조단위)

4단 교육기간 (4년)	응급구급법	• 응급구급법	• 상처진단법 • 구조운반법 • 신체교정법 • 응급처치법
5단 승단 준비과정		• 4단 전 과정 • 경호실무론 ※ 자세교정, 신속성, 정확성, 반복복습지도	

5) 경호무술 지도자 교육공통

구 분	태 마	표준과정	세부지도과정
소양교육	• 지도자상	• 경호무술지도자상	• 지도자론
	• 리더쉽	• 거래적지도력 • 카르스마적지도력 • 변혁적지도력	• 조직목표달성 • 구성원성과창출 • 문제점개선 • 환경변화적응 • 동기부여
공동과정	• 법률 및 사무행정	• 법률 • 사무행정	• 무예관계법 • 정부지원관계법 • 사무행정
	• 경호무술진흥	• 경호무술의 비전	• 경호무술진흥기본계획
	• 경호무술 경영실무	• 경영학	• 경영기획 • 운영계획 • 관리실무 • 위기관리
	• 무예학	• 세계의 무술	
경호무술학문체계	• 경호무술 총론	• 경호무술 총칙 • 창시자 무술관 • 경호무술 연구체계 • 경호무술지도자론	
	• 경호무술의 본질	• 무(武)의 본질 • 기술체계원리	
	• 심리학	• 경호무술 심리학	
경호무술지도법	• 경호무술 원리	• 이론적 원리 • 기술적 원리	• 수련단계원리 • 기의 원리 • 과학적 원리 • 의학적 원리 • 초자연적 원리
	• 교육프로그램	• 성인교육프로그램 • 여성교육프로그램 • 청소년교육프로그램 • 아동교육프로그램 • 장애자교육프로그램 • 선수트레이닝프로그램	• 유급자교육계획 – 일일교육계획 – 주간교육계획 – 월간교육계획 • 유단자교육계획 – 일일교육계획 – 주간교육계획 – 월간교육계획

경호무술지도법	• 지도법	• 이론 교습법 • 실기 교습법	• 교수법 • 시범식지도
평가법	• 심사평가	• 유급자승급심사 • 유단자승단심사 • 지도자승급심사	• 심사기획 • 평가기획 • 도구기획
응급구급법	• 응급처치법	• 무술수련중부상	• 상처진단법 • 응급처지법 • CPR
경호실무	• 경호실무	• 경호일반 • 경호실전	

（1） 1급 지도자과정 표준교육프로그램

구 분		교육과목	교육내용
승 급	교육과정		
1급 교육기간 (1개월)	소양교육	• 리더쉽	• 조직목표달성 • 구성원성과창출 • 문제점개선 • 환경변화적응 • 동기부여
	관계법률	• 무예관계법 • 정부지원관계법	• 전통무예진흥법 • 국민체육진흥법 • 사회체육진흥법 • 스포츠산업진흥법 • 비영리민간단체지원법 • 청소년관련법 • 사회복지관련법 • 문화예술교육지원법
	사무행정	• 사무행정	• 진흥회사무행정정책 • 최신정부행정정책 • 무술원 사무행정
	경호무술진흥	• 경호무술의 비전	• 경호무술진흥기본계획
	무술원경영	• 경영실무	• 경영컨설팅(경영진단) • 마케팅 • 운영관리 • 최신 경영프로그램(온,오프라인)
	평가법	• 경호무술 승단 • 경호무술 지도자	• 경호무술 승단 평가법(1~5단) • 경호무술지도자 평가법(3급)
	경호실무	• 경호실무총론	• 경호학 • 경호일반 • 호위경호

（2）2급 지도자과정 표준교육프로그램

구 분		교육과목	교육내용
승 급	교육과정		
2급 교육기간 (3개월)	소양교육	• 리더쉽 • 경호무술지도자상	• 조직목표달성 • 구성원성과창출 • 문제점개선 • 환경변화적응 • 동기부여 • 경호무술지도자론 • 경호무술창시자 무술관
	경호무술 학문체계	• 경호무술	• 경호무술 • 창시자 무술관 • 경호무술 연구체계 • 경호무술지도자론
		• 경호무술의 본질	• 무(武)의 본질 • 기술체계원리
		• 심리학	• 경호무술 심리학
	관계법률	• 무예관계법	• 전통무예진흥법 • 국민체육진흥법 • 사회체육진흥법 • 스포츠산업진흥법
	사무행정	• 사무행정	• 진흥회사무행정정책 • 최신정부행정정책 • 무술원 사무행정
	경호무술진흥	• 경호무술의 비전	• 경호무술진흥기본계획
	무술원경영	• 경영실무	• 경영학 • 마케팅 • 무술원 운영관리 • 최신 경영프로그램(온,오프라인) • 수련생별 관리법
	지도법	• 이론 교습법 • 실기 교습법 • 교육프로그램기획 • 경호무술기술지도	• 교수법 • 시범식지도법 • 수련생별 지도법 • 성인교육프로그램 • 여성교육프로그램 • 청소년교육프로그램 • 아동교육프로그램 • 장애자교육프로그램 • 선수트레이닝프로그램 • 유급자교육계획 – 일일교육계획 – 주간교육계획 – 월간교육계획 • 유단자교육계획 – 일일교육계획 – 주간교육계획 – 월간교육계획 • 기초수련법 • 준비수련법 • 전환선법 • 호위권무형법

구 분		교육과목	교육내용
승 급	교육과정		
2급 교육기간 (3개월)	지도법		• 호위발차기법 • 호위호신술법 • 호위특기술법 • 호위대련법 • 호위사격술법
	평가법	• 경호무술 승급 • 경호무술 승단	• 경호무술지도자 승급자 평가법 • 경호무술 승단 평가법(1~3단) • 심사기획 • 평가기획 • 도구기획
	응급구급법	• 무술수련중부상	• 상처진단법 • 응급처지법 • CPR
	경호실무	• 경호실무총론	• 경호학 • 경호일반 • 호위경호

（3）3급 지도자과정 표준교육프로그램

구 분		교육과목	교육내용
승 급	교육과정		
3급 교육기간 (6개월)	소양교육	• 리더쉽 • 경호무술지도자상	• 조직목표달성 • 구성원성과창출 • 문제점개선 • 환경변화적응 • 동기부여 • 경호무술지도자론 • 경호무술창시자 무술관
	경호무술 학문체계	• 경호무술 총론	• 경호무술 총칙 • 창시자 무술관 • 경호무술 연구체계 • 경호무술지도자론
		• 경호무술의 본질	• 무(武)의 본질 • 기술체계원리
	관계법률	• 무예관계법	• 전통무예진흥법
	경호무술진흥	• 경호무술의 비전	• 경호무술진흥기본계획
	무술원경영	• 경영실무	• 경영학 • 무술원 운영관리 • 수련생별 관리법
	지도법	• 이론 교습법 • 실기 교습법 • 경호무술기술지도	• 교수법 • 시범식지도법 • 수련생별 지도법 • 기초수련법 • 준비수련법 • 전환선법 • 호위권무형법 • 호위발자기법 • 호위호신술법

구 분		교육과목	교육내용
승 급	교육과정		
3급 교육기간 (6개월)	지도법		• 호위특기술법 • 호위대련법 • 호위사격술법
	평가법	• 경호무술 승급	• 경호무술지도자 승급자 평가법 • 심사기획 • 평가기획 • 도구기획
	응급구급법	• 무술수련중부상	• 상처진단법 • 응급처지법 • CPR
	경호실무	• 경호실무총론	• 경호학 • 경호일반 • 호위경호

가. 월(주)간 수련계획표

구 분	월요일(1시간)	화요일(1시간)	수요일(1시간)	목요일(1시간)	금요일(1시간)	토요일(2시간)
1주차	- 준비수련법 - 기초자세 - 호위발차기법(이론)2 - 호위권무형법(기본)2 - 호위호신술법(등급)	- 준비수련법 - 전환선법 - 호위발차기법(기본)3 - 호위권무형법(기본)3 - 호위호신술법(혼용)	- 준비수련법 - 호위발차기법(기본)2 - 호위발차기법(등급) - 호위권무형법(타격) - 호위낙선법 - 호위호신술법(응용)	- 준비수련법 - 호위발차기법(기본)2 - 호위발차기법(타격) - 호위권무형법(기본)2 - 호위권무형법(등급) - 기초체력단련	- 준비수련법 - 호위발차기법 (등급별, 수준별) ※ 유단자 승단별	주말반 집중지도(신청) - 호위발차기법 - 무기이용법 - 선택기타
2주차	- 준비수련법 - 기초자세 - 호위발차기법(기본)2 - 호위권무형법(이론)2 - 호위호신술법(등급)	- 준비수련법 - 전환선법 - 호위발차기법(기본)3 - 호위권무형법(기본)3 - 호위호신술법(혼용)	- 준비수련법 - 호위발차기법(기본)2 - 호위발차기법(등급) - 호위권무형법(타격) - 호위낙선법 - 호위호신술법(응용)	- 준비수련법 - 호위발차기법(기본)2 - 호위발차기법(타격) - 호위권무형법(기본)2 - 호위권무형법(등급) - 기초체력단련	- 준비수련법 - 호위권무형법 (기본권법,등급별권법) ※ 유단자 승단별	주말반 집중지도(신청) - 호위권무형법 - 무기이용법 - 선택기타
3주차	- 준비수련법 - 기초자세 - 호위발차기법(기본)2 - 호위권무형법(기본)2 - 호위호신술법(이론)	- 준비수련법 - 전환선법 - 호위발차기법(기본)3 - 호위권무형법(기본)3 - 호위호신술법(혼용)	- 준비수련법 - 호위발차기법(기본)2 - 호위발차기법(등급) - 호위권무형법(타격) - 호위낙선법 - 호위호신술법(응용)	- 준비수련법 - 호위발차기법(기본)2 - 호위발차기법(타격) - 호위권무형법(기본)2 - 호위권무형법(등급) - 기초체력단련	- 준비수련법 - 호위대련법 (방어, 공격,공방) ※ 유단자 승단별	주말반 집중지도(신청) - 호위호신술법 - 무기이용법 - 선택기타
4주차	- 준비수련법 - 기초자세 - 호위발차기법(기본)2 - 호위권무형법(기본)2 - 호위호신술법(등급) - 지도자무술관(지.덕.체)	- 준비수련법 - 전환선법 - 호위발차기법(기본)3 - 호위권무형법(기본)3 - 호위호신술법(혼용)	- 준비수련법 - 호위발차기법(기본)2 - 호위발차기법(등급) - 호위권무형법(타격) - 호위낙선법 - 호위호신술법(응용)	- 준비수련법 - 호위발차기법(기본)2 - 호위발차기법(타격) - 호위권무형법(기본)2 - 호위권무형법(등급) - 기초체력단련	- 준비수련법 - 심사준비(총정리) (심사기준, 심사방법) ※ 유단자 승단별	심사(공개심사)

☞ 7가지 기초체력순서 및 횟수 : 팔벌려높이뛰기 / 무릎차올리기 / 서전트점프 / 다리교차뛰기 / 팔굽혀펴기 / 다리교차차기 / 윗몸일으키 / 각각 20 회(5분내합격)

경호무술 경기/심판 규정

9. 경호무술 경기/심판 규정

제1조(목적)

이 규정은 사단법인 한국경호무술진흥회 중앙회를 포함해 각 시, 도지부 및 지회 진흥회가 인정하는 단체가 주최 및 주관하는 대회를 동일하게 하여 원활한 대회를 운영하며 공정하게 판단하는데 그 목적이 있다.

제2조(적용범위)

1. 이규정 은 진흥회와 각 시,도 지부 및 지회 본 진흥회가 인정하는 단체가 주최 및 주관하는 모든 대회에 적용된다.
2. 이 규정은 일부를 수정하고자 할 때에는 진흥회의 사전승인을 얻어야 한다.
3. 이규정을 개정하려면 진흥회의 승인을 요청하여 최소한 1개월 전에 승인을 받아 대회 및 경기를 할 수 있다.

제3조(경기장)

경기장은 10m×10m 넓이의 정 사각 기준으로 장애물이 없는 수평이어야 하며, 바닥은 탄력성이 있는 매트로 한다. 단, 필요에 따라 경기장의 높이를 조정 설치할 수 있다.

1. 경기장의 구분
   1) 10m×10m 넓이의 경기장 정 중앙부에 8m×8m 넓이의 원을 경기지역이라 하고 그 외각 경기장을 경계지역이라 한다.
   2) 경기지역과 경계지역은 바닥면의 색상을 달리하여 구분한다. 단, 같은 색상일 때는 5cm폭의 구분이 확실한 선으로 표기한다.
   3) 경기지역과 경계지역의 구분선을 경계선이라 하며, 경기장 끝선을 한계선(제1부심을 기준으로 제2부심까지를 제1한계선, 제2부심에서 제3부심까지를 제2한계선, 제3부심에서 제1부심까지를 제3한계선)이라 한다.

2. 위치표시

　1) 주심위치

　　경기장 중심선으로부터 제2한계선을 향해 후방으로 1.5m 떨어진 곳에 정한다.

　2) 부심위치

　　제1부심은 주심과 경기장 중앙 전면에 위치하며, 한계선 후방 0.5m 떨어진 곳에 정하고, 제2부심과 제3부심은 제1부심과 경기장 중심점을 기준으로 정삼각형을 이루며, 제1주심에서 중앙을 향해 왼쪽을 제2부심, 오른쪽을 제3부심으로 한계선으로부터 후방 0.5m 떨어진 곳에 정한다.(4심제기준)

　3) 기록원 위치

　　제1부심 위치로부터 1.5m후방 좌측 1.5m지점에 정한다.

　4) 임석의사 위치

　　기록원 위치로부터 우측 3m지점에 향한다.

　5) 선수위치

　　경기장 중심점에서 임석의 좌석을 향해 우측을 청, 좌측을 백으로 정한다.

　6) 지도자 위치

　　청 및 백 선수 쪽으로 한계선 중심 밖으로 1m 떨어진 곳에 정한다.

　7) 검사대 : 경기장 입구에 설치한다.

　8) 경기장

　　(1) 탄력성 있는 매트 : 탄력성의 정도는 본회의 승인을 받아야 한다.

　　(2) 경기대 : 다음과 같이 설치할 수 있다.

　　(3) 색상 : 색상은 반사가 심하지 않고 경기자나 관중에게 시각적 피로를 주지 않는 종류로서 경기자의 도복, 용구를 비롯한 경기 및 경계지역 등 모든 색상의 배색이 고려되어야 한다.

　　(4) 검사대 : 검사대에서는 검사원이 대전선수가 착용 부착 소지한 모든 장비가 진흥회 공인품인지 점검한다. 부적합 할 시에는 대전이 금지된다.

【심판지침 1】

－ 경기지역과 경계지역에 대한 유효성 판단기준

　경기 장소에 따른 발휘기술의 유효여부는 주심의 '정지' 선언의 시간적 기준에 따른다. '정지' 선언 전에 이루어진 경기 내용은 그 장소에 관계없이 일단 유효하다. 경계선은 주심의 '정지' 선언의 기준이고 주심의 '멈춰' 선언은 선수나 부심들의 판단의 기준이다. 주심은 두 선수 중에 어느 한 선수의 한쪽 발이라도 경계선 밖에 놓일 때부터는 '멈춰'선언을 할 수 있다. 그러나 경기의 진행에 따라 그 순간을 결정하는 것은 주심의 판단이며 고유한 권한이다. 주심이 경기의 계속이 바람직하다고 판단했을 경우에는 두 선수의 양발이 모두 경계선 밖에 나가기 직전까지는 경기의 계속을 유지할 수 있다.

【심판지침 2】

– 심판은 경기장내의 지역구분의 근본의 미와 활용범위에 대하여 철저하게 이해하고 있어야 한다.

– 주심은 가능한 한 경기의 단절을 막기 위하여 경기장을 넓게 활용해야 한다. 그러나 선수가 기술발휘를 회피하고 소극적으로 경기를 진행하기 위해 경계선 밖　으로 자주 나갈 때는 '정지' 선언을 단호히 하고 벌칙을 선언해야 한다.

– 양 선수의 두 발이 모두 경계선을 벗어났을 때에는 언제나 즉시 '정지' 선언을 해야 하며 이를 지체하여 야기된 모든 사태에 대해서는 주심이 책임을 져야 한다.

【심판지침 3】

– 호위대상을 놓고 하는 호위경기시에는 호위대상이 경계선밖으로 나갈 때는 패한것으로한다

– 호위대상을 놓고 하는 호위경기시에는 호위대상이 위해기도자로부터 포획되거나 타격된 경우 이와 유사한 경우에는 패한 것으로 한다

제4조(선수, 체급, 계체량, 추첨)

1. 선수

   1) 자격

      (1) 진흥회 산하 수련자로서 해당종목 참가자격 조건 충족자.

      (2) 진흥회 시, 도지부 및 지회가 추천한 자.

      (3) 진흥회에서 발급한 승단 증 소지자.

      (4) 진흥회가 인정하는 유사단체의 선수(단, 진흥회의 사전승인이 있어야 한다.)

   2) 복장

      (1) 경기에 임하는 선수는 진흥회가 공인한 원복 및 용구를 착용 지참하여야 한다.

      (2) 경기에 임하는 선수는 각종 보호대를　착용하여야 한다.

   3) 의무사항

      참가 선수는 진흥회의 재규정을 준수한다.

2. 체급

   1) 남자, 여자부로 구분한다.

   2) 성별 체급은 다음과 같다.

      (1) 남자일반(대학부 포함)

         • 하급 : 65kg 미만　중급 : 65~75kg 미만　상급 :75~85kg 미만　무제한급 : 체급없음

      (2) 여자부 일반

         • 하급 : 53kg 미만　상급 : 53kg 이상

      (3) 고등부 남자

         • 하급 : 55kg 미만　상급 : 55kg 이상

(4) 고등부 여자

- 하급 : 45kg 미만   상급 : 45kg 이상

(5) 중등부 남자

- 하급 : 50kg 미만   상급   50kg 이상

(6) 중등부 여자

- 하급 : 40kg 미만   상급 : 40kg 이상

(7) 초등부 남자

- 하급 :35kg 미만   중급 :35~45kg 미만   상급 : 45kg 이상

(8) 초등부 여자

- 하급 : 30kg 미만   중급 :30~40kg 미만   상급 : 40kg 이상

【해 설】

- 경호무술 경기는 상호간 직접적인 신체적 접촉 또는 충돌이 심하고 특히 상대방(호위대상)에 치기, 차기, 던지기, 꺾기등의 신체이용과 봉 칼 총등 다양한 무기등으로 타격을 가해 승부를 가리는 경기이므로 선수 상호간에 체중과 차이에서 오는 타격의 생리적 충격을 최소화 시켜서 선수의 안전을 확보하고, 대등한 경쟁 조건에서 기술을 겨룰 수 있도록 하기 위해 체급 제도를 규정하였다.
- 체급의 구분이 남자부와 여자부로 나누어져 있는 것은 경기의 성(性)구분을 뜻하는 것으로서 남자는 남자끼리, 여자는 여자끼리 대련하는 것을 원칙으로 한다는 뜻이다.
- 대회 유형에 따라 수적인차 사용무기의 차등이 있는 경우도 있으나 상황설정에 따라 달라질 수 있다
- 호위대상을 호위하는 경기는 시범식 경기 규정을 두어 실시할 수도 있다

3. 계체량

1) 당일 대전선수는 경기시작 1시간 전까지 계체를 받아야 한다. 단 호위대상 또는 시범식 대회에서는 별도의 규정에 따를 수 있다

2) 계 체시 남자는 팬티, 여자는 팬티와 브래지어를 착용한다. (단, 본인이 원할 경우 전 나체로 할 수 있다.)

3) 계 체시 1회로 하며, 미달 또는 초과 시에는 계체 시간 내에 한하여 1회의 계체를 더 할 수 있다.

4) 계체로 인한 실격 방지를 위해 경기시작 1일 전부터 본 계체기와 같은 계기를 경기장에 설치하여 예비 계체토록 한다.

(1) 당일 대전선수 : 진흥회 또는 대회 주최 측이 미리 발표한 대전 일정상 경기가 예정된 모든 선수를 말한다.

(2) 경기시작 한 시간 전까지 : 계체시간은 대회주최측이 사전에 정한 것을 따른다. 그러나 어떤 경우에도 경기시작 예정 1시간 전까지는 모든 계체량이 완료 되어야 한다는 뜻이다.

(3) 계체장소는 남, 여 별도로 설치하고 여성은 여성계체원이 담당하여야 한다.

(4) 계체 실격 : 각 선수가 대회에 임하여 첫날 실시하는 계체량에 실격했을 때는 기본 점수의

배정도 받을 수 없다. (종합점수)

(5) 같은 계기 : 동형 동질의 계기로서 대회 주최 측에 의해 계량점검이 확인된 계기.

4. 추첨

1) 경기시작 1일전에 진흥회의 임원과 참가팀 대표의 참석 하에 집행하며, 추첨 순위는 하급에서 최상급으로 대회 참가팀 공식명의 가, 나 다 순으로 한다.

2) 추첨에 불참한 팀에 대하여는 추첨 임원이 이를 대행한다.

3) 대표자 회의의 결정에 의해 추첨순위를 변경할 수 있다.

제5조(위생상태)

1. 복장은 깨끗하고 잘 건조되어 있어야 하며, 불쾌한 냄새가 나지 않아야 한다.

2. 손톱 및 발톱은 짧게 깎아야 한다.

3. 신체의 위생 상태는 청결해야 한다.

4. 긴 머리는 상대에게 불편을 주지 않도록 단단히 묶어야 한다.

제6조(경기종류 및 방식)

1. 경기의 종류는 다음과 같이 구분한다.

1) 개인전(수련체계별 시범식혼용 응용 구분 (맨손,무기 호위), 맨손대련, 무기대련, 호위대련), 각 체급별 개인 간의 대전방식, 단 통합 전을 할 수 있다.

시범식은 남녀노소 체중에 관계없이 할 수 도 있다

2) 단체전(수련체계별 시범식 혼용 응용 구분)

단체간의 대전방식 남, 여 무작위 5인제 ~ 10인제

2. 경기의 방식은 다음과 같이 구분한다.

1) 일리미네이션 토너먼트 방식(single elimination tournament system)

2) 라운드 로빈 방식(round robin system)

3. 진흥회가 공인하는 모든 경기는 5개팀 이상이 참가하여야 하며 각 팀은 5인 이상으로 구성 할 경우에만 성적이 인정된다.

1) 개인전은 각 체급별, 개인단위로 대전하는 방식을 원칙으로 하나 대회규정이 정하는 채점 방식에 따라 개인전의 성적을 종합하여 단체등위를 결정할 수 있다.

2) 단체전은 단체간 대전의 결과에 따라 단체단위로 승패가 가려지는 방식을 말한다.

3) 위와 같은 단체전 대전에서 경기를 모두 진행하기 전에 한편이 먼저 3승 하였을 때는 나머지 경기를 포기 할 수 있다.

4) 기타경기(창작대회)는 별도로 정한다.

제7조(경기시간)

남, 여 대련은 2분 기준으로 하며 단, 본회의 승인을 받아 시간을 조정할 수 있다. 연장전은 1분 휴식 후 1분의 경기를 할 수 있다.

1. 예선전 : 3판 2승제를 기준으로 하며, 대표자회의에서 한판으로 조정할 수 있다.

2. 준결승, 결승 : 3판 2승 혹은 5판 3승을 기준으로 하며, 대표자회의에서 조정 할 수 있다.

【해 설】

경기시간의 개시는 1회전이 끝날 때마다, 처음부터 새롭게 개시를 한다. 3판 2승제의 경우 한판이 끝난 다음 2회전이 연속으로 이어지므로 계시원은 2회전에 주심의 '정지' 선언 및 선수 스스로 준비 자세에서 경기를 시작할 때 기준으로 게시를 시작한다. 2회전의 시작에서 2분이 경과되면 개시원은 즉시 심판에게 알린다.

제8조(경기진행)

1. 선수의 호출

   경기시작 3분전부터 1분 간격으로 3회 호출한다. 경기 개시 예정시간 1분경과 후에도 출장하지 않는 선수는 대전 포기로 간주한다.

2. 신체 및 복장 점검

   호출된 선수는 지정된 검사대에서 법인이 지명한 검사원에 의해 신체 및 복장, 용구 검사를 받아야 하며, 상대방에게 혐오를 주는 용모나 위해를 끼칠 수 있는 물건을 지녀서는 안 된다.

3. 선수입장

   검사를 마친 선수는 지정된 대기석에 입장한다.

4. 경기의 시작과 종료

   매 경기마다 준비선언으로 개시되며, '정지', '끝' 선언으로 종료된다.

5. 경기진행의 절차

   1) 선수는 주심의 '차렷', '상호간에 예의' 구령에 따라 경례한다.

   2) 주심의 '시작' 에 따라 경기를 개시한다.

   3) 선수는 경기가 끝나면 지정된 위치에서 마주보고 주심의 '차렷', '' 에 따라 입례한 후, 바로서서 판정을 기다린다. 단, 판정으로 승패를 가리지 않고 한판으로 승패를 선언할 때에는 경기중 바로 승패를 선언한 후 '예'를 갖추고 선수를 퇴장시킨다.

   4) 승자 선언은 주심 자신의 승자 쪽을 향하여 손을 들어 선언한다.

   5) 선수 퇴장

6. 단체전 절차

   1) 양팀 선수는 제출된 명단 순으로 청, 백 선수 위치로부터 제1한계선을 향해 일렬횡대로 마주보고 선다.

2) 경기진행은 5항의 절차를 따른다.

3) 양 진영 선수는 경기지역 밖에서 지정된 장소에서 순서에 따라 대전한다.

4) 경기 종료 직후 양 진영 선수는 경기지역에 입장하여 마주 보고 선다.

5) 승자선언은 주심 자신의 승자 쪽으로 손을 들어 선언한다.

제9조(금지행위)

1. 금지사항 및 반칙에는 '주의' 경고 '퇴장' 선수를 선도하기 위함이며 위반 행위자에 대하여는 그에 상응하는 불이익과 처벌이 내려진다는 것을 알리기 위함이다.

2. 반칙행위 처벌은 누적되는 것이 아니라 반칙행위 자체를 해당조항에 따라 처벌한다.

   1) 대련

   (1) 손기술, 발기술 무기술로 제압해야 이긴다.

   (2) 대련 경기진행의 금지

   ① 상대방의 눈 공격하는 것을 금지 한다 .

   ② 상대방을 입으로 물어뜯는 행위를 금지한다.

   ③ 상대방의 머리채를 잡아당기는 행위를 금지한다.

   ④ 맨손대련에서 무기를 사용하는 것을 금지한다.

   ⑤ 호위대련시 호위대상에 대하여 1회 이상 타격을 금지 한다

   ⑥ 경기 진행상 과한 부상(출혈이 심한 경우, 탈구 또는 탈골된 경우 의식을 잃은 경우)에는 공격을 금지 한다

   2) 시범대회

   (1) 기량이 뛰어난 경우 이긴다.

   (2) 시범경기진행의 금지.

   ① 위험한 소품.

   ② 과도한 노출 혐오감을 줄 수 있는 행위

   3) 공통사항

   (1) '주의'는 다음 행위를 말한다.

   ① 공방을 하지 않을 때

   ② 품위를 잃는 행위를 할 때 (예 : 심판 결정에 대한불만 및 불손한 언어 사용)

   ③ 불필요한 행동을 할 경우 (예 : 엄살을 부릴 경우 등)

   ④ 기타 경기의 원만한 진행을 위해 필요한 경우

   (2) '경고'는 다음 행위를 말한다.

   ① 금지 부위를 공격할 때

   ② 심판원에 대한 불손한 행위를 할 경우(욕설 및 폭언 사용 시)

   ③ 심판의 '멈춰'에도 불구하고 계속 경기를 할 경우

④ 경기규정에 심한 위배를 하여 경기를 지연시켰을 경우

⑤ 경기중지 도중 공격할 때.

⑥ '주의'를 "2회"받을 경우, "경고" 1회로 인정한다.

(3) '퇴장은 다음의 경우에 적용한다.

① 반칙으로 인해 상대가 경기능력을 상실하여 경기진행이 불가능할 경우

② 엄살의 정도가 심하여 경기진행이 지연될 경우

③ '경고' 1회 이후, '주위' 이상의 처벌을 받을 경우 '퇴장' 조치한다.

제10조(경기결과 판정)

1. 제압기권승

   상대를 제압했을 때

   1) 상대가 승복할 경우(상대방의 신체부위 또는 경기장 바닥을 손바닥으로 3회 내리칠 경우)

   2) 정당한 공격에 의해 위험한 상황에 빠져 있을 때, 경과시간에 관계없이 주심의 판단으로 경기
      속행이 어렵다고 판단되었을 때 주심이 선언하는 승리

2. 주심 직권 승

   주심의 판단으로나 또는 의사의 자문에 의하여 선수가 경기를 더 이상 속행 할 수 없다고 판단했
   을 때, 또 1분 계시 이후에도 경기속행이 불가능 했을 때, 또 주심의 경기속행 지시를 따르지 않을
   때 선언하는 승리.

3. 판정승

   경기의 내용에 따른 유효 득, 감점 또는 우세판정에 따라 유효다 득점자 또는 우세 자에게 선언하
   는 승리

4. 사전기권승

   상대방 경기포기로 인하여 얻는 승리

   ● 한 선수가 부상 또는 기타 이유로 혹은 자의로 경기를 포기하였을 때

   ● 지도자가 임의로 자기소속 선수의 열세로 더 이상 경기를 속행시킬 필요가 없다고 판단하여 부
      심에게 경기중단을 요청했을 때

5. 실격승

   상대선수가 선수자격의 결격 또는 상실했을 때나 계체에 실격함으로써 내려지는 승리

6. 반칙승

   상대 선수가 주의 3회 이상이 되거나 또는 주심이 퇴장을 선언했을 때 얻어지는 승리

【판 정】

– 한판 경기의 승패를 주심이 즉시 표출, 선언한다.

– 판정경기는 경기종료 후 부심의 유효득점 채점 결과로 주심이 승패를 선언한다.

('예'를 갖춘 후 승패를 선언한다.)

제11조(위험한 상태)

1. 과도한 부상(출혈, 탈구, 탈골, 기절 등...)

2. 공격이나 방어의 의사를 상실하고 비틀거리고 있을 때

3. 강한 타격 및 걸이로 인하여 주심이 위험하다고 인정할 때

【위험한 상태】

타격에 의한 충격으로 쓰러지거나 쓰러지지 않았더라도 중심을 잡지 못하고 비틀거릴 때는 위험한 상태로 본다. 또 주심이 계속 경기진행이 위험을 초래하거나 일시적으로 선수의 보호가 필요하다고 판단할 만한 타격이 있을 때는 이를 위험한 상태로 처리할 수 있다.

제12조(위험한 상태 조치)

1. 계수적용 : 3판 2승제 이상일 경우에 해당된다.

2. 유효부위에 정당한 공격으로 인하여 위험한 상태를 보일 때 주심은 다음의 조치를 취한다.

   1) '정지'로 가격선수를 먼 거리에 위치토록 한다.

   2) 주심은 위험한 상태에 처한 선수에게 큰소리로 하나, 둘 ~ 열 까지를 1초 간격으로 세며 이를 수신호로 알린다.

   3) 주심은 계수하는 도중 위험한 상태에 처한 선수가 일어나 재 대전의 의사를 표하더라도 여덟을 셀 때까지 선수를 쉬게 하며 회복을 확인한 후 경기를 계속케 한다.

   4) 주심이 '여덟'을 셀 때 까지 위험에 처한 선수가 제대전의 의사를 취하지 못하면 이는 패자로 한다.

   5) 주심은 계수하는 도중 시간이 종료되어도 계수를 계속한다.

   6) 양 선수가 동시에 위험한 상태에 처한 경우, 그 중 1명이 위험한 상태에 있는 한 계수는 계속한다.

   7) 양 선수가 동시에 위험한 상태에 처해 '열'을 셀 때까지 회복되지 않았을 경우 위험한 상태에 처하기까지의 유효점수로 승패를 결정한다.

   8) 주심은 선수가 위험한 상태에 이르렀다고 판단되면 계수 없이, 또는 계수 도중이라도 승패를 결정 할 수 있다.

3. 사후조치

   1) 부상 선수는 당 대회의 어떤 경기에도 참가할 수 없다. 단 본인의 요청으로 경기에 출전코자 할 때는 본회가 지정한 의사의 진단 후, 동의를 얻어 참가토록 한다.

   2) 2항 '1'의 "먼 거리에 위치토록 한다"는 일반적으로 선수위치를 말한다.

   그러나 위험한 상태에 처한 선수가 상대 선수의 선수 위치 주위에 있을 때는 자기 지도자석 앞의 경계선상에 위치케 한다.

【심판지침】

3판 2승제 이상의 경기에 해당되는 계수적용에 따른 '정지' 선언에 대하여 주심은 경기진행 중에 갑자기 일어나는 강한 타격과 그로 인한 위험한 상태, 즉 녹다운 또는 스탠딩 다운의 판단이 충격에 의해서가 아니라 타격의 힘에 밀려 넘어진 경우 판단을 주저하거나 때로는 경기를 속행시키는 경우가 있다. 위험한 생태에 대한 판단과 승패에 민첩성과 단호함을 갖추어야 한다.

- 재 대전 의사를 표시하더라도 여덟을 셀 때까지 선수를 쉬게 한다. 계소를 하는 가장 중요한 목적은 선수를 보호하기 위한 것이다. 선수가 비록 여덟 이전에 재전 의사를 표시하더라도 여덟을 세기 전에 경기를 속행시킬 수 XX있다. 계수를 여덟까지 하는 것은 주심의 임의로 바꿀 수 없는 강제조항이다.

- 선수의 회복을 확인한 후 경기를 계속한다. 여덟을 셀 때까지 주심은 선수의 회복여부에 대한 판단을 파쳐야 한다. 여덟 이후의 확인은 단순한 점검이다. 짧은 순간에 확인하고 바로 경기의 속행을 명해야 한다.

- 주심이 여덟을 셀 때까지 위험한 상태에 처한 선수가 재대 전의 의사를 취하지 못하면 이는 패자로 한다. 재 대전 의사란 선수가 준비자세로 서서 상대를 겨누는 것을 말한다. 계수 여덟까지 선수가 재 대전 의사를 표하지 않으면 주심은 계속 아홉, 열을 센 후 상대선수에게 승리를 선언한다. 여덟 이후의 재 대전 의사는 아무 효력을 가질 수 없다. 또 비록 재 대전 의사를 표했을지라도 선수가 대전을 계속 할 수 없다고 판단될 때는 열까지를 센 다음, 경기결과를 선언할 수 있다.

- 주심은 선수가 위험한 상태에 이르렀다고 판단되면 남은 대전에 관계없이 승패를 결정할 수 있다. 선수가 받은 충격의 정도가 몹시 위험하여 응급처치에 시간을 지체할 수 없다고 판단되었을 때는 언제든지 바로 승패를 결정할 수 있다.

- 선수의 회복여부를 결정하지 못하고 확인을 위해 시간을 끄는 행위를 해서는 안 된다.

- 선수가 의식을 분명히 회복하고 재 대전 의사를 취했으며 주심도 경기속행이 가능하다고 판단하였으나, 부상선수의 치료를 위해 경기 속행이 어려울 때는 '중지'를 명하는 즉시 다시 '멈춰' 선언을 하고 '계시'를 선언한 후 제 13조 '경기중단 상황의 처리' 방법에 따라 조치한다.

- 위험상태가 아닌 경우는 선수 스스로 재 대전의 준비 자세를 취한다. 이때 주심은 경기를 속행한다.

제13조(경기중단 상황의 처리)

부상으로 인하여 경기가 중단되었을 때 주심은 다음의 조치를 취한다.

1. 경기를 중단시킨 후 계시원에게 경기시간을 정지시킨다.

2. 1분이 초과하지 않는 범위내에서는 치료를 허가한다.

3. 정상임에도 10초가 경과하도록 재대전 의사를 표하지 않는 선수는 패자로 본다.

4. 10초가 경과하여 속행이 불가능한 경우, 금지행위에 의한 경우는 부상케 한 자를 패자로 한다.

5. 양 선수가 동시에 쓰러져 20초가 경과하여도 속행이 불가능할 경우 부상 시까지의 경기결과로 승패를 결정한다.

6. 한 선수라도 의식을 잃고 쓰러져 있거나 위험한 상태에 처해 있다고 판단될 경우 주심은 즉시 경

기를 종결시키고 응급처치를 명할 수 있다. 이때 부상이 경고 행위에 의한 경우는 가격자를 패자로 하고 경고행위가 아닌 경우는 부상 시까지의 경기결과로 승패를 결정한다.

7. 부상 또는 응급상태의 발생으로 경기진행이 불가능하다고 판단되었을 때 주심은 다음과 같이 처리할 수 있다.

1) 부상 또는 그 사태가 선수가 의식을 잃고 쓰러져 있는 등 시간을 지체할 수없는 긴급한 상황이라고 판단될 때는 먼저 선수를 응급처치를 받게 하고 바로 경기를 종결 시킬수 있다.

이때 승패는,

(1) 그 행위가 경고행위에 의해 야기된 경우에는 행위자를 패자로 한다.

(2) 그 행위가 정상적인 경기 진행 중에 일어난 경고행위가 아닌 동작이나 정당한 기술에의한 것일 때는 경기불능 자를 패자로 한다.

(3) 경기진행과 무관한 경기외적 사태로 말미암은 부상 및 응급상황에서는 양선수가 그때까지 받은 경기결과로 승패를 정한다. 양선승제 이상의 경우 그경기를 무효로 한다.

2) 부상의 정도가 긴급하게 위험한 상황이 아닐 때는 계시 후 1분의 범위 내에서 경기재개를 위해 필요한 조치를 할 수 있다.

(1) 치료의 허가

간단한 의료적 처치가 필요하다고 판단될 때에는 치료를 하게 할 수 있고 또 임석의사의 진단 또는 치료가 필요하다고 판단될 때는 의사에게 치료를 요청할 수 있다.

(2) 경기 속행의 지시

선수가 경기속행이 가능한지 여부의 판단은 주심이 한다. 주심은 1분 이내에 언제든지 선수에게 경기 속행을 명할 수 있다. 선수가 이 지시에 따르지 않을 때는 그 선수를 패자로 선언한다.

(3) 치료 또는 회복을 기다리는 도중에 계시 후 40초가 경과한 때로부터 주심은 5초 간격으로 '00초경과'를 큰소리로 알려야 한다. 1분이 되는 순간까지 선수 위치로 돌아오지 못할 때는 경기결과를 선언해야 한다.

(4) 임석의사가 자리에 있는지의 여부가 계시에 영향을 미치지 못한다. 비록 의사가 없을지라도 계시의 계산은 정상대로 진행한다. 단, 임석의사가 꼭 필요한 상황 이지만 없을 경우 또는 경미한 부상이나 의사의 치료에 약간의 추가시간이 필요한 경우에는 주심의 판단에 따라 진행을 중단할 수 있다.

(5) 10초가 경과하여도 경기진행이 불가능할 경우 승패는 위 1항의 방법과 같이 한다.

8. 양 선수가 모두 경기불능 상태에 빠져 20초 이내에 일어나지 못하거나 즉시 종결상황에 처했을 때의 승패는

1) 한 편의 선수가 경고행위를 범했을 때는 그 선수를 패자로 한다.

2) 경고행위가 아닌 행위에 의한 상황일 경우는 그 때까지의 경기 결과로 승패를 정한다. 단, 양선승제에서 한판 이상의 승패가 나지 않은 경우는 그 경기를 무효로 하고 대회본부가 정한 시간

에 재 대전하게 된다. 이때에도 경기의 속행이 불가능한 선수가 있을 때는 기권으로 처리한다.

3) 양 선수가 모두 경고행위를 범했을 때는 두 선수 모두 반칙패로 선언한다.

9. 본 규정에 명시된 사태 외의 경기중단 상황은 다음에 따라 처리한다.

1) 부득이한 사정에 의해 경기진행이 불가능한 상황이 초래되었을 때는 주심이 경기를 중단시키고 대회 본부의 지시를 따른다.

2) 2판째 종료 이후에 경기가 중단되었을 때는 그때까지의 경기 결과로 승패를 결정한다. 2판째 종료 이전에 경기가 중단되었을 때는 재대 전을 원칙으로 하고 재대 전은 첫판부터 한다.

제15조(심판원)

1. 자격

1) 본 진흥회에 등록된 심판자격증 소지자

– 시, 도 시합 심사(수련원 및 지도자 교육은 받은 자 중 심판교육을 필한 자)

2. 임무

1) 주심

(1) 경기전반에 걸쳐 경기 진행 주도권을 갖는다.

(2) 경기의 '준비', '정지', '계속', '그만', '계시', 승패의 선언, 주의선언, 경고 선언, 퇴장선언을 한다.

(3) 규정에 따라 판정 권을 독자적으로 행사할 수 있다.

2) 부심

주심이 의견을 물었을 때 자기의 소견을 진술한다.

3) 판정의 책임

심판 판정은 절대적인 것이며 소청위워회에 대하여 책임을 진다.

4) 복장

(1) 심판원은 본진흥회가 정한 복장을 착용하여야 한다.

(2) 심판원은 경기의 방해가 되는 물품을 휴대할 수 없다.

5) 심판원 구성 및 배경

(1) 심판원 구성은 다음과 같다.

(2) 4심제 – 주심 1명, 부심 3명

(3) 3심제 – 주심 1명, 부심 2명

(4) 심판원 배정

① 심판배정은 대전표 작성 후에 한다.

② 대전선수와 동일한 팀 소속 자는 배정할 수 없다. 단, 경우에 따라 심판이 부족한 경우 부심은 예외로 한다.

【해 설】

심판원의 구성, 자격, 임무, 권한 등 제반 내용은 본 회의 심판 운영 규정에 따른다.

제16조(기록원)

1. 경기시간, 정지시간 등을 계측하고, 경기내용을 기록, 표출한다.

2. 경기장에는 득점판, 계시기, 호루라기(시작과 종료 통보용), 청/백색 띠 각 4쌍이 상등을 갖춘다.

제17조(본 규정에 명시되어 있지 않은 사태)

본 규정에 명시되지 않은 사태가 발생하면 주심은 반드시 심판위원회와 협의하여 그 결정에 따라 사태를 처리한다.

제18조(소청)

1. 소청위원회는 대회 개최 전에 다음과 같이 구성한다.

   1) 자격 : 소청위원은 집행위원 또는 경호무술에 풍부한 경험이 있는 인사로 전수자나 지부장이 추천한 자로 구성한다.

   2) 구성 : 위원장 1인과 4인 이내의 위원

   3) 구성절차 : 위원장 및 위원은 전수자의 재청에 의해 회장이 위촉한다.

2. 책임

   소청위원회는 소청심의에 의해 판정에 대한 정정 및 비위 관계자에 대한 징계처분을 하여사무국에 통보한다.

3. 소청심의절차

1) 판정에 이의가 있을 때는 소정의 소청신청서와 소청자료를 경기 종료 후 10분 이내에 제출하여야 한다.

2) 소청위원회의 심의는 해당 팀 소청위원은 제외하며, 의결은 과반수로 결정한다.

3) 소청위원은 필요에 따라 해당 경기에 관련된 심판원을 소환, 진상을 문의할 수 있다.

4) 소청위원회의 의결은 최종적인 것이며, 어느 누구도 이의를 제기할 수 없다.

【해 설】

소청위원회는 최소한 3명의 유자격 위원들로 구성되어야 하며, 3명 이상으로 구성할 경우 전체 위원 수는 반드시 홀수가 되어야 한다.

1. 해당팀 소청위원은 제외하며, 소청 당사자 팀과 동일팀의 위원이 있을 때는 위원에서 제외되며, 나머지 위원 중에서 홀수의 심의 위원단을 구성해야 한다. 위원장이 제외될 경우에는 임시 위원장을 선출한다.

2. 의결 : 의결을 위한 심의 절차는 다음과 같다.

   1) 소청 사유내용을 검토하여 심의 내용을 가부로 결정할 수 있는 형식으로 만든다.

2) 필요한 경우 주심, 부심의 소견을 청문할 수 있으며, 필요한 청문 대상의 결정을 소청위원회가 한다.

3) 필요하다고 판단될 경우 판정 기록이나 양팀 감독의 소견을 청문할 수 있다.

4) 토의가 끝나면 위원단의 무기명 투표에 의해 다수결로 가부를 결정한다.

5) 위원장이 소청심의 결과보고서를 작성, 발표한다.

6) 결과의 처리

  (1) 경기결과 처리의 착오

- 계산의 착오나 청, 홍 선수의 착각에 의한 경우는 그 결과를 번복한다.

  (2) 규칙적용의 착오

- 주심이 규칙 적용을 명백히 착오한 것으로 판명되었을 때는 그 결과를 번복한다.

  (3) 사실판단의 착오

- 주심 또는 부심 등이 타격의 강도, 행위의 정도, 고의성 유, 무 또는 행위의 시간적 유효성 여부 등 사실판단에 명백한 착오가 있었다고 판명될 때는 그 결과를 번복 할 수 있다.

※ 심판 및 경기규칙은 경기 주최 측에 사정에 따라 다소 변경될 수 있다.

경호무술 표준서식

[제1호서식] 인증교육기관 등록신청서(지원용)

접수번호	인증교육기관 신청서(지원용)		처리기한
			20일

<table>
<tr><td rowspan="4">지 원</td><td>지 원 명</td><td></td><td>사업자
등록번호</td><td></td></tr>
<tr><td>전 화</td><td></td><td>팩 스</td><td></td></tr>
<tr><td>홈페이지</td><td colspan="3"></td></tr>
<tr><td>지원주소</td><td colspan="3"></td></tr>
<tr><td rowspan="6">지원장</td><td rowspan="2">성명</td><td>한글</td><td>주민등록번호</td><td></td></tr>
<tr><td>영문</td><td>생년월일</td><td></td></tr>
<tr><td colspan="2">아 이 디</td><td>패스워드</td><td></td></tr>
<tr><td colspan="2">이 메 일</td><td colspan="2"></td></tr>
<tr><td colspan="2">집 전 화</td><td>휴대폰</td><td></td></tr>
<tr><td colspan="2">자택주소</td><td colspan="2"></td></tr>
</table>

자격사항	최종승단 및 발급번호	사범자격등급 및 발급번호	최종학력(학교명) 재 · 졸

성 별	신 장	체 중	시 력	혈액형	취미/특기	경력사항
남 / 여	cm	kg	좌: 우:			

가족사항	성 명	관 계	직 업	성 명	관 계	직 업

상 기관은 사단법인 한국경호무술진흥회
정관규정을 준수하고인증교육기관 등록규정에 의하여 아래와 같이 신청서류를
첨부하여 인증교육기관등록을 신청합니다.

년   월   일

신청인(지원장)______________________________ (서명 / 인)

사단법인 한국경호무술진흥회장 귀하

※ 신청서류
  1. 인증교육기관 등록 신청서 ──────────────1부
  2. 사업자등록증 사본 ──────────────1부
  3. 승단자격증사본 ──────────────1부
  4. 사범자격증사본 ──────────────1부
  5. 여권사진 ──────────────4매

[제2호서식] 인증교육기관 등록신청서(대학용)

접수번호	인증교육기관 신청서(대학용)		처리기한
			20일

대학(교)	대학(교)명		대표자명	
	학부/계열		학과명	
	정 원		주(야)	
	대표전화		팩 스	
	소 재 지			

담당교수	성명	한글		한 자	
		영문		주민등록번호	
	홈페이지주소				
	연락처	직통		팩 스	
		휴폰		이메일주소	
	자택주소				

상 기관은 사단법인 한국경호무술진흥회 정관규정을
준수하고인증교육기관 등록규정에 의하여 아래와 같이 신청서류를
첨부하여 인증교육기관 등록을 신청합니다.

년   월   일

신 청 인

총(학)장______________________(서명 / 인)

담당교수______________________(서명 / 인)

사단법인 **한국경호무술진흥회장 귀하**

※ 신청서류
1. 인증교육기관 등록 신청서 ——————————————1부
2. 교육기관임을 입증하는 사업자등록증사본——————1부
3. 신청인담당자를 입증하는 재직증명서——————————1부
4. 교육계획서——————————————————————1부
5. 사단법인한국경호무술진흥회발행 사범자격증사본
   1인이상——————————————————————————1부

[제4호서식] 경호무술 승단 심사신청서

<table>
<tr><td rowspan="2">접수번호</td><td colspan="5" rowspan="2" align="center">경호무술 승단 심사신청서</td><td colspan="2">처리기한</td></tr>
<tr><td colspan="2">10일</td></tr>
<tr><td rowspan="4">사진</td><td>성 명</td><td>한 글</td><td colspan="3"></td><td>영문</td><td></td></tr>
<tr><td colspan="2">주민등록번호</td><td colspan="5"></td></tr>
<tr><td rowspan="2">주 소</td><td>자 택</td><td colspan="5"></td></tr>
<tr><td>사무실</td><td colspan="5"></td></tr>
<tr><td colspan="2" align="center">전화</td><td colspan="2" align="center">자택</td><td colspan="2" align="center">근무지</td><td colspan="2" align="center">휴대폰</td></tr>
<tr><td colspan="2"></td><td colspan="2"></td><td colspan="2"></td><td colspan="2"></td></tr>
<tr><td colspan="2" align="center">아이디</td><td colspan="3"></td><td align="center">패스워드</td><td colspan="2"></td></tr>
<tr><td colspan="2" align="center">이메일</td><td colspan="6"></td></tr>
<tr><td rowspan="2" align="center">현(단)</td><td align="center">발급번호</td><td></td><td align="center">응시(단)</td><td align="center">신장</td><td align="center">체중</td><td align="center">시력</td><td align="center">혈액형</td></tr>
<tr><td align="center">발급일자</td><td></td><td></td><td align="center">cm</td><td align="center">kg</td><td></td><td></td></tr>
</table>

상기 본인은
사단법인 한국경호무술진흥회에서
실시하는 (　　　단)승단자격 심사에 응시하고자 본 원서를 제출하며.
본 진흥회의 심사규정을 준수하고 심사진행 중 발생할 수 있는 부상과 같은 일체의 신체사고에
대하여는 전적으로 본인과 가족과 그 가족 관계인이 모든 책임을 스스로 질 것을 서약합니다.

지 원 명:
신 청 인:　　　　　　　　　　　(서명 / 인)

년　　월　　일

응시자(성명 / 서명)＿＿＿＿＿＿＿＿＿＿＿

상기인을 사단법인 한국경호무술진흥회(　　단)승단자격 심사에 응시할 자격이 있다고 인정하기에 이에 추천합니다.

년　　월　　일

지원장(추천인):＿＿＿＿＿＿＿＿＿＿＿(서명 / 인)　　　등록번호: 제　　　　호

 사단법인 **한국경호무술진흥회장 귀하**

[제3호서식] 수련가입원서

<table>
<tr><td>접수번호</td><td colspan="5" rowspan="2" style="text-align:center">수련가입원서</td><td>처리기한</td></tr>
<tr><td></td><td>즉시</td></tr>
<tr><td rowspan="4">사진</td><td rowspan="2">성 명</td><td>한 글</td><td></td><td>휴대폰</td><td></td></tr>
<tr><td>영 문</td><td></td><td>집전화</td><td></td></tr>
<tr><td rowspan="2">주 소</td><td>자 택</td><td colspan="3"></td></tr>
<tr><td>사무실</td><td colspan="3"></td></tr>
<tr><td>이메일주소</td><td colspan="3"></td><td>보호자전화</td><td></td></tr>
<tr><td>생년월일</td><td>최종학력</td><td>학교/직장</td><td>신 장</td><td>체 중</td><td>혈액형</td></tr>
<tr><td></td><td></td><td></td><td>cm</td><td>kg</td><td></td></tr>
<tr><td>추 천 인</td><td colspan="3"></td><td>연락처</td><td></td></tr>
</table>

특기사항	

상기 본인은
사단법인 한국경호무술진흥회 제반규칙을 준수하고, 심신을 수련하고자
수련가입원서를 제출합니다.

년   월   일

가입자 : ________________________(서명 / 인)

보호자 : ________________________(서명 / 인)

사단
법인 한국경호무술진흥회장 귀하

[제5호서식] 경호무술 지도자과정 교육신청서

접수번호	경호무술(급)지도자과정 교육신청서			처리기한
				10일

사진	성명	한 글		집전화	
		영 문		휴대폰	
	주소	자 택			
		사무실			

주민등록번호	최종학교명 (재, 졸)	직장명	신 장	체 중	혈액형
			cm	kg	

팩스/이메일		추천인	

상기 본인은
사단법인 한국경호무술진흥회에서 실시하는
경호무술(___급)지도자과정에 참여하고자 본 원서를 제출하며,
진흥회에서 규정하고 있는 제반규칙을 준수하고
이행할 것을 서약합니다.

년   월   일

신청인 : _______________________(서명 / 인)

 사단
법인 한국경호무술진흥회장 귀하

※ 신청서류
   1. 경호무술지도자과정 교육신청서————————————1부
   2. 주민등록등본————————————————————1부
   3. 무술단증 및 기타자격증—————————————1부
   4. 최종학력증명서—————————————————1부
   5. 여권사진————————————————————4매

접수번호	지도자자격 심사신청서			처리기한
				10일

<table>
<tr><td rowspan="4">사진</td><td rowspan="2">성 명</td><td>한 글</td><td></td></tr>
<tr><td>영 문</td><td></td></tr>
<tr><td rowspan="2">주 소</td><td>자 택</td><td></td></tr>
<tr><td>사무실</td><td></td></tr>
</table>

전 화	자 택	근무지	휴대폰

아이디		패스워드	

이메일	

현(급)	발급번호	발급일자	응시(급)	신 장	체 중	시 력	혈액형
				cm	kg		

상기 본인은
사단법인 한국경호무술진흥회에서 실시하는
사범자격 (지도자＿＿급)심사에응시하고자 본 원서를 제출합니다.
(심사진행 중 발생한 사고에 대하여는 본인이 모든 책임을 진다.)

지 원 명 :

신 청 인 : ＿＿＿＿＿＿＿＿＿＿＿＿＿＿＿＿(서명 / 인)

상기자는 사단법인 한국경호무술진흥회(지도자　　급)사범자격 심사에 응시할 자격을
인정, 이에 추천합니다.

년　　　월　　　일

지원장(추천인) : ＿＿＿＿＿＿＿＿＿＿＿＿＿(서명 / 인)　　　등록번호 : 제　　　　　호

사단
법인 **한국경호무술진흥회장 귀하**

[제7호서식] 지도자(사범)자격증 발급 신청서

접수번호		지도자(사범)자격증 발급신청서				처리기한	
						20일	
구분	승급	성 명		주민등록번호	주 소	점수	비고
		한 글	영 문				
1							
2							
3							
4							
5							
6							
7							
8							
9							
10							
11							
12							
13							
14							
15							
16							
17							
18							
19							
20							

상기인은   년   월   일
_______________에서 실시한 사범자격 심사 규정에 합격하였기에
사범자격증 발급을 신청합니다.

년   월   일

신청인_______________________(서명 / 인)

※ 합격유무를 알 수 있는 심사위원채점표 첨부

사단
법인 한국경호무술진흥회장 귀하

접수번호			단증발급신청서			처리기한	
						20일	
구분	승단	한글이름	영문이름	주민등록번호	주 소	점 수	비 고
1							
2							
3							
4							
5							
6							
7							
8							
9							
10							
11							
12							
13							
14							
15							
16							
17							
18							
19							
20							

상기인은　　년　　월　　일

________________에서 실시한 승단심사에서 본회 승단심사 규정에
합격하였기에 승단 발급을 신청합니다.

년　　월　　일

신청인_________________________(서명 / 인)

※합격유무를 알 수 있는 심사위원채점표 첨부

사단법인 한국경호무술진흥회장 귀하

[제9호서식] 증서 재발급 신청서

접수번호	재발급 신청서	처리기한
		10일

☐ 인증교육기관 등록신청서(지원, 대학)　☐ 승단증(대, 소)　☐ 사범자격증(대, 소)
☐ 후원인신분증　☐ 자문위원증　☐ 신분증

성 명	한 글		주민등록번호	
	영 문		이메일주소	
휴 대 폰			자택/직장전화	
자택주소				
직장주소				

재발급증 종류 및 사유 :

상기 신청인은
위 기재내용과 같이 사단법인 한국경호무술진흥회 발급 증서를 훼손,
분실하여 재발급을 신청합니다.

년　　월　　일

신청인＿＿＿＿＿＿＿＿＿＿＿＿＿＿＿＿＿＿(서명 / 인)

사단법인 한국경호무술진흥회장 귀하

접수번호	후원회 가입신청서				처리기한
					즉시

후원구분	☐ 재정	☐ 법률	☐ 기획/현물지원	☐ 자문 및 기타	

개인/회사/기관	직책/성명	사업자등록번호/주민등록번호	연락처	
			전 화	휴대폰

홈페이지주소		이메일주소	
주　소			

후원내용	

상기 회사(본인)는 사단법인 한국경호무술진흥회의
설립취지와 정관 목적사업에 찬동하고 진흥회의 발전을 위한 후원 및 자문위원회
가입을 신청 및 승낙합니다.

년　　월　　일

신청인________________________________(서명 / 인)

사단
법인 한국경호무술진흥회장 귀하

[제11호서식] 선수등록 신청서

접수번호	선수등록 신청서				처리기한
					10일

사진	성 명	한 글		주민등록번호	
		영 문		소 속	
	주 소	자 택			
		사무실			

휴대폰	자택전화	소속전화	메일주소

최종학교명 (재, 졸)	성 별	신 장	체 중	시 력	혈액형	현 단
	남 / 여	cm	kg	좌: 우:		

지도자명		보호자명	

연락처	전 화		연락처	전 화	
	휴대폰			휴대폰	
	메 일			메 일	

상기 본인은 사단법인 한국경호무술진흥회에서
주최 또는 주관하는 대회에 출전함에 있어 대회규정을 준수할 것을 서약하고,
경기 중 발생될 수 있는 각종 인사사고에 대하여 유무과실을 떠나 모두 본인 및 본인의 보호자 책임임을 인정하며,
어떠한 경우에도 진흥회 임직원 및 관계기관에 대하여
민, 형사상 책임을 묻지 않을 것을 약속합니다.

년   월   일

신청인   (서명 / 인)

보호자   (서명 / 인)

지도자   (서명 / 인)

사단법인 한국경호무술진흥회장 귀하

[제12호서식] 경호무술 승급심사 채점표

(   )승급 심사 채점표

채점 : 각 항목 5점 만점(과락 2점)　　　　　　　심사관명 :

응시번호	성 명	준비수련법		기초수련법		전환선법		호위권무형법		호위발차기법		호위낙선법		호위호신술법		호위대련법		개인특기술법		기초체력		결 과	
		필수	지정	필수	지정	필수	지정	필수	지정	필수	지정	필수	지정	필수	지정	필수	지정	필수	지정	필수	지정	총점	합격유무

사단법인 한국경호무술진흥회

(   )승단 심사 채점표

채점 : 100점만점   심사관명 :

응시번호	성 명	준비/기초/전환		호위권무형법		호위발차기법		호위낙선법		호위호신술법		호위대련법		개인특기술법		기초체력		결 과	
		필수	지정	필수	지정	필수	지정	필수	지정	필수	지정	필수	지정	필수	지정	필수	지정	총점	합격여부

사단법인 한국경호무술진흥회

경호무술 활동사진

◈ 전통무예원류적통자 전통무예진흥법개정안 국회전달 ◈

경호무술 창시자 장명진회장, 국선도 전승자 박진후총재, 24반무예 복원자 임동규총재
선무도 전승자 설적운문주, 택견 전승자 정경화선생

일시 : 2009년 12월 7일(월요일)　　　　　장소 : 국회의사당

◈ 문화체육관광방송통신위원회 위원장 고흥길국회의원 방문 ◈

택 견 전승자 정경화선생, 회진무술 창시자 명재옥총재
국선도 전승자 박진후총재, 경호무술 창시자 장명진회장

일시 : 2010년 4월 20일(화요일)　　　　　장소 : 국회

◈ 문화체육관광방송통신위원회소속위원 방문 ◈
택　견 전승자 정경화선생, 회전무술 창시자 명재옥총재
국선도 전승자 박진후총재, 경호무술 창시자 장명진회장
일시 : 2010년 4월 20일(화요일)　　　　장소 : 국회

◈ 전통무예원류적통자 정기모임 ◈
경호무술 창시자 장명진회장, 택견 전승자 정경화선생, 국선도 전승자 박진후총재
선무도 전승자 설적운문주, 차력 전승자 오동석회장, 특공무술 창시자 장수옥총재
일시 : 2009년 8월 10일(월요일)　　　　장소 : 골굴산

213

◇ 전통무예진흥법일부개정법률안 국회통과요청(전통무예원류적통자지정제신설) ◇
전통무예원류적통자모임 간사 장명진 민주당간사 김재윤국회의원 전달
2011년 3월11일(금) 국회본청 문화체육관광방송통신위원회

◆ 전통무예원류적통자와 정부무예현황조사연우팀 간담회 ◆

택견 전승자 정경화선생, 서울대학교 나영일교수, 경호무술 창시자 장명진회장
선무도 전승자 설적운문주, 서일대학 허건식교수, 선문대학교 최종균교수
특공무술 창시자 장수옥총재, 24반무예 복원자 임동규총재, 정도술 전승자 안호해총재
국선도 전승자 박진후총재, 기천문 전승자 박사규문주, 영산대학교 박귀순교수
서울대학교 박금수연구원, 송일훈연구원
일시 : 2009년 10월 20일(화요일)   장소 : 서울대학교

◈ 전통무예원류적통자 2010송년모임 ◈

선무도 전승자 설적운문주, 기천문 전승자 박사규문주, 차　　력 전승자 오동석회장
택 견 전승자 정경화선생, 국선도 전승자 박진후총재, 경호무술 창시자 장명진회장

일시 : 2010년 12월 23일(목요일)　　　　장소 : 서울역 브라더스

◈ 무진법 전통무예원류적통자지정제 신설 이시종국회의원대표발의 요청 ◈

택견 전승자 정경화선생, 선무도 전승자 설적운문주, 특공무술 창시자 장수옥총재
24반무예 복원자 임동규총재, 국회의원 이시종의원, 회진무술 창시자 명재옥총재
경호무술 창시자 장명진회장, 국선도 전승자 박진후총재, 이시종의원보좌관 백상진

일시 : 2009년 8월 28일(금요일)　　　　장소 : 여의도외백

◆ 전통무예원류적통자 전통무예진흥기본계획 간담회 ◆
회전무술 창시자 명재옥총재, 선무도 전승자 설적운문주, 정도술 전승자 안호해총재, 차력 전승자 오동석회장
택견 전승자 정경화선생, 경호무술 창시자 장명진회장, 특공무술 창시자 장수옥총재
일시 : 2010년 3월 3일(수요일)   장소 : 체육과학연구원

◆ 전통무예원류적통자와 한국체육과학원 성문정박사와 간담회 ◆
경호무술 창시자 장명진회장, 차　력 전승자 오동석회장, 한국체육과학원 성문정박사, 특공무술 창시자 장수옥총재
국 선 도 전승자 박진후총재, 회전무술 창시자 명재옥총재, 택　견 전승자 정경화선생
일시 : 2010년 3월 3일(수요일)   장소 : 한국체육과학원

◆ 전통무예진흥법일부개정법률안 국회통과요청(전통무예원류적통자지정제신설) ◆
전통무예원류적통자모임 간사 장명진 한나라당위원 진성호국회의원 전달
2011년 3월11일(금) 국회의원회관 진성호국회의원실

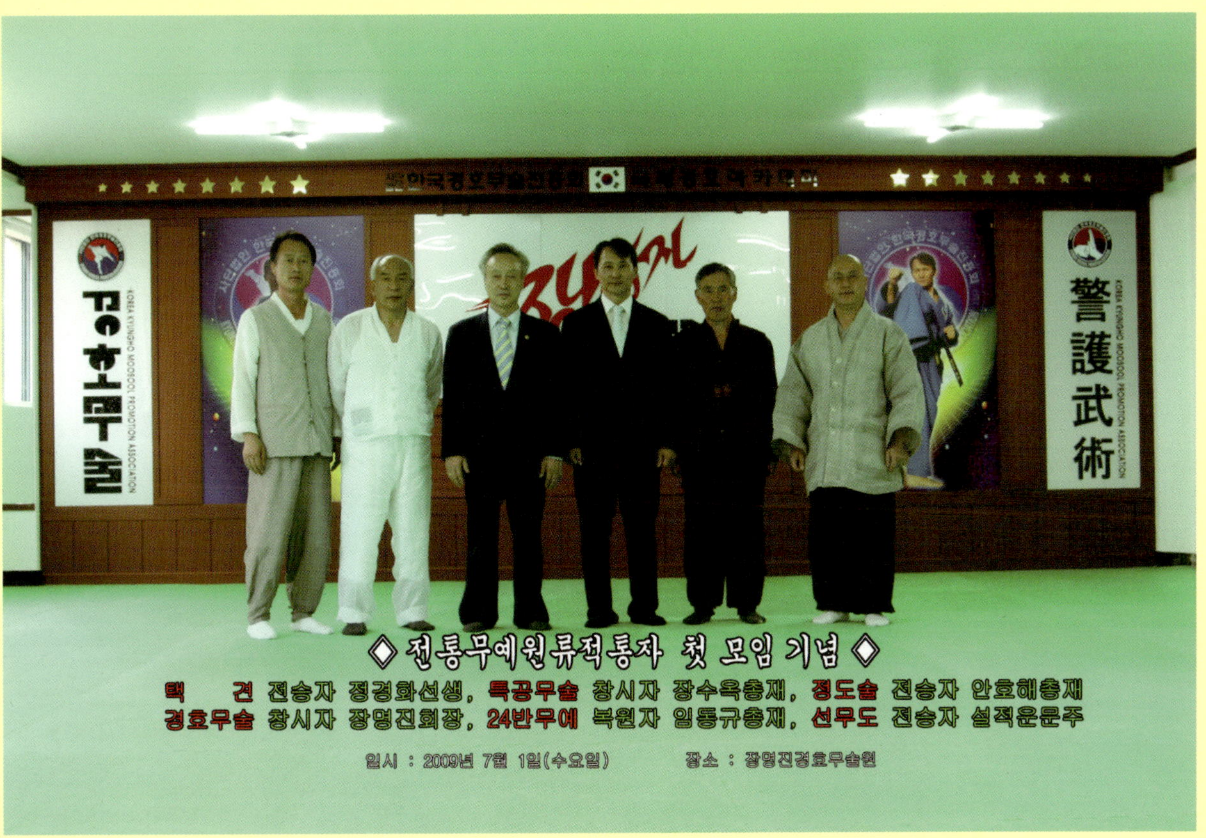

警護武術
◇ 전통무예원류적통자 첫 모임 기념 ◇
택　　견 전승자 정경화선생, 특공무술 창시자 장수옥총재, 정도술 전승자 안호해총재
경호무술 창시자 장명진회장, 24반무예 복원자 임동규총재, 선무도 전승자 설적운문주
일시 : 2009년 7월 1일(수요일)　　장소 : 장명진경호무술원

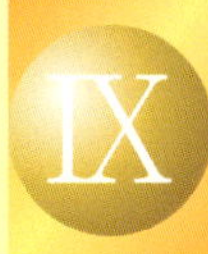

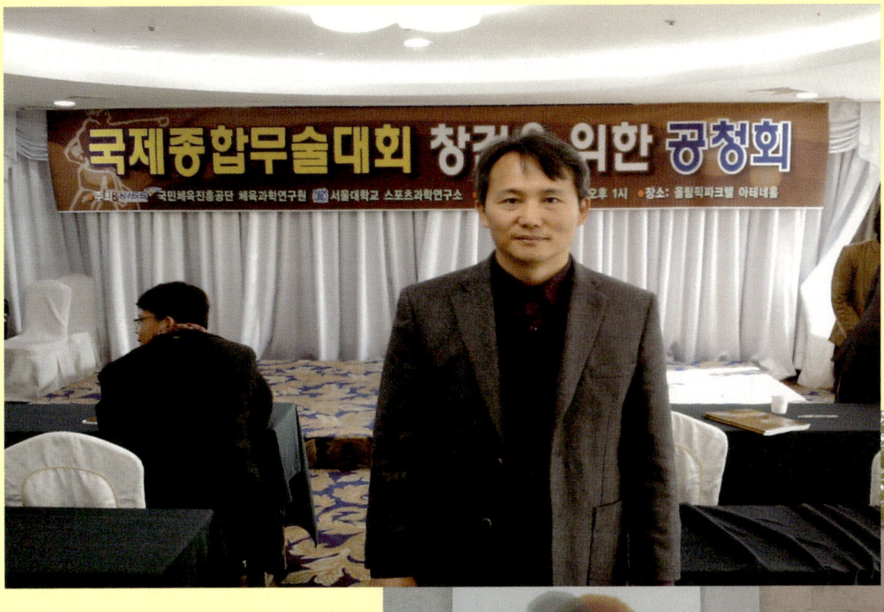
국제종합무술대회 창■을 위한 공청회
국민체육진흥공단 체육과학연구원 서울대학교 스포츠과학연구소
오후 1시 장소: 올림픽파크텔 아테네홀

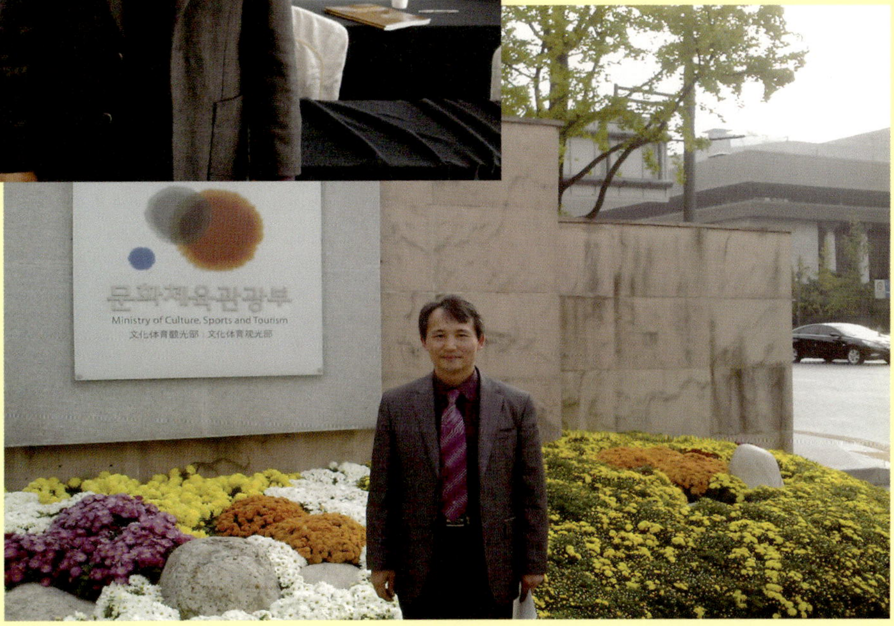
문화체육관광부
Ministry of Culture, Sports and Tourism

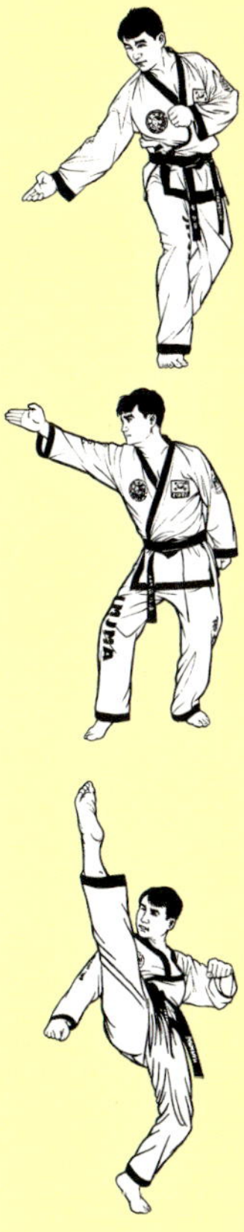

경호무술

제3차 한국무예포럼
전통무예 육성종목 지정의 선정기준과 방법
일시 : 2008년 10월 25일(토) 오후2시   장소 : 송파구민회관 대강당   주최 : 한국무예포럼

검도류
김
정
호
경호무술
장
명
진
택
이
일
재

검도류
김
정
호
경호무술
장
명
진
택전
이
일
재

전통무예 진흥과 무술 올림픽 창건 세미나
일시 : 2008. 8. 20(수) 14시   장소 : 회관 대회의실   후원 : 문화체육관광부, (사)한국무술단체총연합회   주최 : 국회의원 이시종
나
영
일
최
종
표
2008/08/20

전통무예 진흥과 무술올림픽 창건 세미나
일시 : 2008. 8. 20(수) 14시   장소 : 국회의원회관 대회의실   후원 : 충주시, 문화체육관광부, (사)한국무술단체총연합회   주최 : 국회의원 이시종
임
동
규
나
영
일
최
종
표
서울대 교수
무예신문 대표
2008/08/20

2008/10/03

문화체육관광부

2009/08/10

2009/08/10

2009년도
경호무술지도자 고급 연수과정

INTERNATIONAL BODYGUARD ACADEMY

사단법인 한국경호무술진흥회 국제경호아카데미
2009년 상반기
수 경호무술지도자 고급 연수과정 료
(연수기간 2009.1.3~2009.5.23)
주최: 사단법인한국경호무술진흥회 주관: 장명진경호무술원

사단법인 한국경호무술진흥회 국제경호아카데미
수 2009년도 하반기 료
경호무술지도자 연수과정
교육기간: 2009. 18일 ~ 2009. 12월 5일 주최: 사단법인 한국경호무술진흥회 주관: 경호무술원

출 범 식
경
사단법인 한국경호무술진흥회
축

한국경호무술진흥회 출범기념
2008 전국경호무술 세미나
주최 : 사단법인 한국경호무술진흥회 2008년 11월 2일(일) 오후2시 장소 : 중랑우체국 강당

9. 경호무술규정

경호무술 9
경호무술규정

사단
법인 한국경호무술진흥회
2009 송년회
일시 : 2009년 12월 13일(일요일)   장소 : 다다미

한국경호무술진흥회   국제경호아카데미
사단
법인 한국경호무술진흥회
2010 신년회

한국경호무술진흥회
국제경호아카데미
2009년도 하반기
경호무술지도자 연수과정

경호무술

출 범 식
사단법인 한국경호무술
일시 : 2008년 11월 2일(일) 오후4시   장소 : 중랑우

출 범 식
사단법인 한국경호무술진흥회   축
일시 : 2008년 11월 2일(일) 오후4시   장소 : 중랑우체국대강당

경호무술 9
경호무술규정

2008 전국경호무술세미나

2008 전국경호무술세미나

한국경호무술진흥회 출범기념
2008 전국경호무술세미나
주최 : 사단법인 한국경호무술진흥회 2008년 11월 2일(일) 오후2시 우체국대강당

2008/08/20

축 제1회 세미나(전통무예의 진흥과 무술올림픽창건) 기념
"경호무술" 책 100권 한정 무료 증정
국회의원회관 대강당 2008년 8월 20일(수) 경호무술창시자 장명진
2008/08/20

제3회
한국무예 포럼기념
경호무술 책
무료증정
송파구민회관 대강당
YTN 친환경
주거문화대상 시상식
2008/10/25

제3회
한국무예 포럼기념
경호무술 책
무료증정
2008.10.25(토) 송파구민회관 대강당
한국경호무술진흥회
2008/10/25

239

경호무술 9
경호무술규정

247

JANG MYUNG JA KYUNG HO MOOSOOL

경호무술 정기 승단심사
한국경호무술진흥회   장명진경호무술원

사단법인 한국경호무술진흥회
국제경호아카데미
경호무술 정기 승단심사
한국경호무술진흥회   주관:장명진 무술원
JANG MYUNG JIN KYUNG HO MOO SOOL

사단법인 한국경호무술진흥회
국제경호아카데미
사단법인 한국경호무술진흥회
010 신년회
010년 1월 16일 (토요일)   진흥회
G MYUNG JIN KY

경호무술 9
경호무술규정

警護武術
누구나 이책, 한권으로
무술 고수가 될수 있다
경호무술
警護武術
1992
정가:250,000
200,000원
사단법인 한국경호무술진흥회
중수
2008/10/04
정가:250,0

警護武術
누구나 이책, 한권으로
무술 고수가 될수 있다
사단법인 한국경호무술진흥회
<중국의 초우선사우슈 창시자!>
<일본의 후나코치기친(가라데 창시자!)>
그 누구도 완성하지 못한 근원적 무술
경호무술창시자 장명진
그의 역작
1인 6역의 역사
무술창시/저술/시연/기획/편집/제작
警護武術
KYUNGHOMOOSUL
JANG MYUNG JIN
1992
2008/10/04

261

2008 충주세계무술축제
학술세미나기념
경호무술 책
무료증정
2008. 10. 4 충주시청 대회의실
한국경호무술진흥회
2008 / 10 / 04

2008 충주세계무술축제
학술세미나기념
경호무술 책
무료증정
2008. 10. 4 충주시청 대회의실
한국경호무술진흥회
2008 / 10 / 04

경호무술 용어해설

경호무술 용어해설

가격권무형법 : 가상목표물을 두고 권무형법을 하는 것

가격발차기 : 가상의 상대를 놓고 연습하는 발차기술.

감아차기 : 양발을 교차해 감아 차는 기술.

개인화기 : 금속탄환을 발사하는 권총과 소총을 뜻함.

걸기 : 손과 팔이나 발로 건다는 뜻으로 진행하는 상대를 걸어 균형을 무너트리거나 넘어지게 하는 기술.

걸어제끼기 : 손과 팔이나 다리와 발로 상대를 걸어서 제끼는 기술.

걸어제치기 : 손과 팔이나 다리와 발로 상대를 걸어서 제껴 치는 기술.

걸어치기 : 상대를 걸어 치거나 상대의 신체에 완전히 밀착한 상태에서 손, 팔, 어깨, 가슴, 배, 골반, 엉덩이, 등, 무릎, 발로 치는 기술.

걸치기 : 몸에 걸친다는 뜻으로 자신의 신체를 상대에게 걸쳐 상대의 균형을 무너트려 밀거나 넘어트리기도 하고 반대로 상대를 자신의 몸에 걸쳐 제압하거나 밀거나 당겨 이동시키는 기술.

검 : 금속성 재질로 된 전통무기. 베거나 찌를 때 사용.

검끝배돌려찌르기 : 손바닥이 위로 향하게 찌른 검의 날로서 수평으로 뉘어진 검날 끝으로 찌르는 기술.

검끝평돌려찌르기 : 손등이 위로 향하게 찌른 검의 날로서 수평으로 뉘어진 검날 끝으로 찌르는 기술.

검도견제자세 : 한손은 검을 들고 다른 한손은 수도로 견제하는 자세로 상팔, 중팔, 하팔 자세로 견제하는 기술.

검막고베기 : 검을 막고 베는 기술.

검베고막기 : 검으로 베고 막는 기술.

검베기술 : 단봉, 중검, 장검의 날로 공격 방향과 높낮이를 조절하여 직선, 사선, 유선으로 베는 베기술

검연결베기 : 단검, 중검, 장검 베기를 처음부터 마지막 순서까지 모두 연결해서 베는 기술.

검정견제자세 : 한손은 검을 들고 다른 한손은 정권을 쥔 견제자세로 상팔, 중팔, 하팔 자세로 견제하는 기술.

검찌르기 : 단검, 중검, 장검의 검 끝으로 공격 방향과 높낮이를 조절하여 급소를 찌르는 찌르기 기술로서 봉무기 찌르기의 용어 및 용법을 그대로 검무기 찌르기 용어 및 용법으로 사용함.

검찍기 : 단검, 중검, 장검의 검 손잡이 끝으로 공격 방향과 높낮이를 조절 하여 급소 및 골격을 찍듯이 쳐 가격 하는 찍기술로서 봉무기 찍기의 용어 및 용법을 그대로 검무기 찍기 용어 및 용법으로 사용함.

검치기 : 단검, 중검, 장검의 검 옆날이나 검등날 전체부위를 사용해 공격 방향과 높낮이를 조절 하여 가격하는 치기술로서 봉무기 치기의 및 용법을 그대로 검무기 치기 용어 및

용법으로 사용함.

격발 : 방아쇠를 당겨 탄환을 쏘는 기술을 말함. 방아쇠를 당기는 인지와 반대쪽 손잡이를
지탱하는 엄지를 천천히 압력을 주어 쥐는듯하여 자연스럽게 격발 하는 것이 요령.

격투 : 서로 마주대하여 맨손 또는 무기를 들어 싸우는 것.

격투체계 : 무적 공법기법에 대한 기술정립.

결합기본호신술 : 전환선법, 치기법, 차기법 무기법등을 응용해 제압하는 호신술기술.

결합단계 : 기본원리가 되는 기술체계를 다른 기본원리가 되는 기술체계와 결합해 수련하고
그 다음으로 이 또한 혼용단계 응용단계로 수련하는 기술.

결합보디플스아웃기법 : 보디플스아웃 기술을 전환선법, 호위권무형법, 호위발치기법, 호위
낙선법, 호위호신술법 등의 기술을 응용하거나 혼용해 구사하는 기법.

결합복식막기자세 : 일수막기, 양수막기를 상,중,하,아래 방향으로 막는 기술. 예-일수상단막고
양수 아래막기,

결합복식치기 : 일수(양수)치기 후 양수(일수)치기로 결합하여 치는 기술.

결합자유대련 : 권법, 발차기, 호신술, 특기술, 전환선법 등을 모두 결합해 상대와 일 대 일로
맞서 겨루는 기술.

경계사격자세 : 권총 및 소총의 총구를 위 또는 아래로 하여 오발로 인한 사고를 방지하고
범인 및 테러리스트와 조우시 곧 바로 사격 할 수 있도록 취하는 예비자세.

경호 : 경호대상자의 신변에 직접 또는 간접적으로 가해지는 신체 및 생명 위협을 방지하고,
제거하기 위해 경호활동에 필요한 정보, 첩보수집 및 인원, 장비 운영을 통한 경계활동
까지를 포함하여 경호대상의 안전을 도모하는 것.

경호대상자 : 일신상의 이유로 신변보호를 받아야할 대상으로 지정된 인물(사람).

경호대상호위낙선법 : 경호대상을 두고 위험상황에 대한 신속한 낙호법, 선호법, 호위낙선법,
팀호위낙선법 등의 기술을 익히는 훈련기술.

경호무술 : 자기 자신을 포함하여 경호 대상에 대하여 가해져 오는 공격으로부터 신체 및 생
명을 보호해주는 호위호신무술.

경호무술 기술지도 : 경호무술기술체계에 대한 실기지도.

경호무술 실기지도 :무적기법공법 격투체계에 대한 기술교육.

경호무술 이론지도 : 무적기법공법 격투체계에 대한 지식교육.

경호무술교육내용 : 이론 및 실기 프로그램.

경호무술교육방침 : 교육의 솔선 지식 기술.

경호무술기초 : 자신감, 운동의 원리, 기술전략.

경호무술덕목 : 배려, 솔선, 모범, 책임, 리더십을 갖는 것.

경호무술목적 : 안전에 대한 욕구 또는 목표.

경호무술사상 : 지켜야 할 존재.

경호무술수련과정 : 단계에 따라 변화하는 신체정신 기술의 성장.

경호무술수련과정의 동기부여 : 개인별 흥미 돌출.

경호무술수련환경 : 시설, 거리, 지도자, 연령층조건.

경호무술시범식지도 : 지도자가 직접 시연해보여 지도하는 형식.

경호무술심사방법 : 유급심사, 유단심사, 지도자심사, 평가방법 및 지침.

경호무술역사 : 경호무술 창시 및 기원.

경호무술연구 : 경호직무환경에서 요구되는 기술을 착안하여 무적 공법기법격투체계를 정립.

경호무술연구체계 : 경호직무수행에 필요한 경호실무를 착안 신체운동의 원리와 각종 공방 기술에 대한 무적공법기법 격투체계를 연구하고 또 가르치고 배우기 쉽도록 교육훈련체계를 정형화 하여 정립한 연구체계

경호무술의 3원칙 : 경호무술 원리로 한 기술 목표.

경호무술의 윤리강령 : 경호무술인이 지켜야 할 책임.

경호무술의교육학적가치 : 도덕 및 원리 부재에 따른 대채 교육수단.

경호무술지도 : 교육훈련계획 및 실시.

경호무술지도 훈 : 평화 및 생명존중과 같은 가치 인식.

경호무술지도목표 : 지도자의 책임.

경호무술지도방법 : 경호무술 지도하는 요령 또는 기법.

경호무술지도방향 : 과학적이고 체계적인 교육.

경호무술지도자상 : 모든 이에게 모범이 되어야 함.

경호무술지도자의 의의 : 지도자로서 갖추어야 할 총론.

경호무술지도자의 자질 : 지식, 기술, 윤리 수준.

경호무술지도자의 정신자세 : 모든 역량을 집중.

경호무술지도자정신 : 경호무술지도자가 지켜야할 지혜와 도리.

경호무술특성 : 경호무술이 갖는 다양한 기능과 효과.

경호무술학문 : 창시기원 및 정의 그리고 기술체계에 대한 이론 정립.

경호무술효과 : 운동기능증가, 호신기능증가, 미용효과증가, 인성기능증가, 정신기능의 증가 등.

경호지식 : 경호직무에 필요한 지식과 기술.

경호환경 : 경호 대상에 대한 모든 위험요소로부터 안전 유무를 확인하고 필요한 대책을 통한 환경을 확보하는 것.

경호환경 : 위험의 존재 상황 대처 조건 및 능력 등.

고(점프)전낙선법 : 높이 뛰어 올라 장애물을 넘어 안전하게 착지해 서는 기술.

고속강습 : 자동차, 오토바이 충돌 및 낙하물을 이용한 공격.

고정화단계 : 심신이 적응되는 과정.

곤봉: 짤막한 나무로 만든 무기 쌍절곤. 삼절곤

골격 : 사람의 체형을 이루고 몸을 지탱하는 뼈를 말한다. 근육의 부착점이 되며 몸의 외측을 덮는 것을 외골격, 체내에 있는 골격을 내골격이라 함. 인체 골격을 크게 몸통뼈대와 팔다리뼈대로 두 집단으로 나누는데 몸통뼈대는 신체 가운데 있는 뼈와 머리, 목, 척추, 갈비뼈, 복장뼈로 구성되고 팔다리뼈대는 빗장뼈, 어깨뼈, 팔의 뼈, 골반의 뼈, 다리의 뼈로 구성됨. 이러한 골격을 타점으로 치거나 차거나 누르게 되면 덥고 있는 피부근육의 손상과 뼈에 전해지는 충격으로 인해 극심한 고통을 호소하게 되며 심할 경우 뼈가 부분적 또는 선부 부러져 골절이 되기도 함.

공격의원리 : 약점인 급소, 관절, 약골을 집중 공격.

공격자세 : 선제공격을 위해 유리하게 취하는 자세로서 수팔 자세로 역습에 대비하고 상대방의 빈틈 또는 허점을 기습하기 유리하게 몸의 중심을 앞쪽으로 이동하는 기술.

공방발(다리)서기자세 : 평(옆으로 벌려서는 동작),서기(발을 앞뒤로 벌려서는 동작), 전교(교차)자세로 발을 위치하여 취하는 자세로 공격 및 방어시 기본, 혼용, 응용 발 서기 자세를 취하는 기술.

공방손(팔)견제자세 : 상대의 공격과 방어수비에 신속하게 대응하기 위하여 취하는 자세

공방자세 : 여러 가지 공격과 방어 자세로서 발의위치와 자세 몸의 균형과 높이 수팔의 위치 및 무기의 위치 등을 일체감 있게 빈틈없이 공격과 방어에 최적의 자세를 취하는 기술.

공족(무릎) : 대퇴골(허벅지뼈)와 경골(정강뼈)의 사이에 앞쪽으로 둥글게 튀어나온 관절(슬개골) 부위.

과학기초 : 위협방법, 수단, 상황, 환경 등을 종합적으로 분석 대응 원리 착안 기능과 효과를 실험을 통해 검증 실전력 분석.

관절 : 뼈와 뼈가 만나는 마디부위로 뼈와 뼈 사이가 부드럽게 운동 할 수 있도록 연골, 관절낭, 활막, 인대, 힘줄, 근육 등으로 구성되어 있으며 움직일 수 있는 관절이 있고 움직일 수 없는 관절이 있다. 한쪽은 관절두라 하여 볼록한 형태로 되어 있고, 다른 한쪽은 관절와라 하여 오목한 형태로 된 것이 많다. 이러한 관절을 치거나 차고, 관절사이를 누르고, 비틀거나 꺾으면 인대, 힘줄, 근육 등의 손상으로 극심한 고통을 호소하게 되며 심할 경우 뼈가 정상 위치에서 벗어나면서 탈골되기도 함.

관절운동 : 각 관절을 유연하고 강하게 단련하는 것.

관족도 : 발가락의 끝 부위.

교차차기 : 양발을 교차해 벌려 차는 기술.

권무형법 : 권법, 수족법, 무기형법을 동시에 구현하는 기술.

권법 : 맨손 주먹을 이용하는 기술.

권법1법 : 정권으로 명치 지르고 관수로 눈을 향해 원 그려 치기.

권법2법 : 하단 막고 전환 모지정권으로 관자놀이 치고 관수도로 눈을 향해 원 그려 치기.

권법3법 : 상단 막고 전환 모지정권으로 관자놀이 치고 관수도로 눈을 향해 원 그려 치기.

권법4번 : 상단 막고 전환 모지정권으로 관자놀이 치고 관수도로 눈을 향해 원 그려 치고 정권지르기.

권법5법 : 세수도로 천지 목치고 평수도로 수평목치고 전환 모지정권으로 관자놀이 치고 관수도로 눈을 향해 원 그려 치기.

권법6번 : 목 줄기 잡아당기기.

권법7번 : 좌우배수도로 목동맥 치고 면상 밀어치기.

권법8번 : 모지 중관절로 관자놀이 원 그려 치기.

권법9번 : 좌우후방 팔굽(팔꿈치)으로 명치치고 상단 평정권 치기.

권법대련 : 공격기초자세, 방어기초자세, 기본권법, 혼용권법, 응용권법으로 상대와 맞서 겨루는 훈련법으로 한번공격대련, 두 번 공격대련, 자유공격대련으로 수련단계를 높여 훈련하는 기술.

권수법 : 권과 손을 결합하여 사용하는 기술.

권수팔법 : 권, 손, 팔을 모두 결합 혼용하여 사용하는 기술.

권총 : 금속탄환을 근접 발사하는 현대화된 무기.

권총양손파지법 : 두손으로 권총을 잡는 기술.

권총착용법 : 권총집을 착용 하는 방법.

권총파지법 : 조준 하고 사격하기 위해 올바르게 권총을 잡는 자세.

권총한손파지법 : 한손으로 권총을 잡는 기술.

극기훈련 : 육체적 정신적 한계점에서 오는 고통으로부터 이겨내고자 하는 심리적 한계선을 높을 수 있는 다양한 육체적 정신적 극기 훈련법.

근력증대 : 근육의 힘을 늘리기거나 키우는 기술.

근신전운동 : 펴고 잡아당긴다는 뜻으로 신체 각 부분의 근육이나 건을 얼마동안 펴거나 늘리는 것을 가리킴.

근육운동 : 근육은 힘줄과 살을 통틀어 이르는 말로 신체를 움직이고 힘을 내는 기능하는 각 기관을 유연하고 강하게 단련하는 것.

급소 : 급소는 양급소와 음급소로 나눈다. 양급소는 신체부위중 높게 솟구친 부위이며 음급소는 신체 부위중 낮게 패인 부위로서 동 부위를 치기, 차기, 누르거나 가격 했을 때 신경 및 근육에 일시적 또는 장기간 수축과 장애를 갖게 하며 경우에 따라서는 영구적 장애 및 사망에 이르게 할 수 있는 곳을 말함.

급조무기공격술 : 위기시에 무기수단으로 삼을 수 있는 소지품 및 생활용품 또는 자신이 착용한 장신구를 이용해 무기술로 사용하는 기술.

급조무기형법 : 기본권법자세를 이용해 주변에 있는 도구를 무기로 활용하여 권법에 결합 혼용한 기술.

긍정인식 : 수련생이 수련하며 좋게 반응하는 것.

기(氣) : 만물 생성의 근원이 되는 힘. 신체를 활동하는 힘. 숨 쉴 때나오는 기운.

기관단총한손파지법 : 한손으로 기관단총을 잡는 자세.

기본공방자세 : 공방손(팔)견제자세와 공발발(다리)서기를 수련하는 기술을 말함.

기본권법 : 권수팔을 결합 혼용하여 기본 9가지로 구성된 권법기술.

기본낙법 : 전, 후, 측면으로 지면에 안전하게 착지하는 기본이 되는 낙법기술.

기본단계 : 기술체계에 따라 기본 원리가 되는 기법을 체계화 기술.

기본대련법 : 자유대련시 구사하는 방어법과 공격법을 실제와 같이 훈련하는 기술.

기본보디플스아웃기법 : 경호실무에서 가장 많이 사용되는 기본기술로 무증공법 보디플스아웃 12수 기본 기술.

기본사격자세 : 권총과 소총으로 조준하고 격발하는 기본적 사격기술.

기본수팔막기자세 : 무릎평서기자세에서 A, B형 일수, 양수, 양수교차 수팔막기를 수련하는 기술을 말함.

기본자세지도 : 수련체계에 따라 기초기술을 교육하는 것.

기본전환선법 : 한번의 움직임으로 위치를 이동 또는 방향을 전환 하여 서는 기술.

기본제압법 : 꺾기,조르기,누르기,비틀기술

기본치기자세 : 무릎반평서기자세에서 A, B형 정권 및 수도치기를 수련하는 기술을 말함.

기본해제술 : 해제원리를 기초로 체계화한 기본 13수로 된 기술.

기본호신술 : 호신술 원리로 체계화한 기본15수의 기술.

기선제압 : 위력을 통해 상대방의 심신을 위축시키는 것.

기선제압훈련 : 담력과 적극적인 공격기술 배양.

기수련법 : 기운(힘)을 다스려(운용) 통제하고 조절할 수 있도록 지식과 기술을 닦고 단련하는 기술.

기술비법 : 기술체계, 수련체계, 수련단계 수련방법의 형식.

기술인지 단계 : 체험 또는 경험해야 느낄 수 있는 과정.

기초기술 : 경호무술 기술체계에 따라 공통요소로 기본적으로 익히는 기술, 또는 기본 원리가 되는 수련체계

기초수련법 : 경호무술을 수련하기 위한 예의, 기합, 명상, 단전호흡, 기초체력 기초기술 등을 말함.

기초수련법수련단계 : 기초수련법 수련체계를 유급 또는 유단 수련자의 수련기간 및 수준에 따라 지도하고 익히는 과정.

기초수련법체계 : 경호무술 수련단계에서 가장 기본적으로 요구되는 원리가 되는 기본자세를 체계화한 기술

기초체력 : 경호무술의 수련단계에 따라 요구되는 근력 지구력 유연성 평형감각 반사능력 등을 말함

기합(-술) : 정신과 힘을 집중 하여 특별한 힘을 내기 위해 내는 소리. (-술)힘과 정신을 집중하여 소리를 지르면서 보통 이상의 능력을 나타내는 정신적 술법.

꺾기법 : 상대의 수팔 또는 다리 등 각 관절 부를 잡아 수족으로 비틀어 돌리고, 누르고, 제끼고, 밀고, 당기는 등의 방법으로 각 상황에서 관절을 꺾는 기술

끝중쥔장봉 : 장봉 끝을 위로 하고 한손으로 봉 하단을 쥐어 잡고 다른 한손으로 봉 정중앙을 쥐어 잡는 기술.

낙법 : 신체 균형을 잃어 넘어지려는 순간 전, 후, 측 방향으로 지면에 안전하게 착지하여 부상을 예방할 수 있는 기술

낙법사격술 : 낮은 자세로 낙법을 하며 사격하는 기술.

낙선법 : 지면에 안전하게 착지하여 일어서는 것으로서 신체의 균형을 잃고 넘어지는 순간, 낙법의 낙하 속도를 이용 역으로 일어서(선법)며 신체의 부상을 예방하고 다음 전개상황에 즉각 대응 할 수 있는 기술.

낙선법혼용권무형법 : 낙법, 선법, 낙선법을 통한 위치이동 후 이루어지는 권법, 수족법, 무기형법, 권무형법.

낙선법혼용발차기법 : 낙법, 선법, 낙선법을 통한 위치이동 후 이루어지는 단식, 복식, 점프, 특수 발차기.

낙선사격술 : 낙법과 선법을 결합하여 위치이동 및 방향전환을 하며 사격하는 기술.

낙호법 : 경호대상이 외부의 공격을 받거나 의식을 잃었을 경우, 몸이 균형을 잃고 넘어지려는 순간 경호대상의 신체를 감싸거나 지지하여 경호대상의 신체 부상 없이 안전하게 보호하여 착지하는 기술.

내서외로발끝찍어차기 : 발등 평족장으로 내서외로 무릎을 들어 올려 대각으로 힘차게 뻗어 차는 기술

내손목굽(장)치기 : 굽은 걸어 당기거나 밀어제끼고 장은 치는 기술로 직선 사선 곡선으로 상하좌우대각으로 치는 기술.

내손목장 : 손바닥 방향으로 손목부터 5cm가량 부위.

내족도 : 발의 안 쪽 엄지발가락 부분에서 뒤굽족장 까지 이르는 부위.

내팔장 : 이두정 내(손바닥이 위로 향할 때 안쪽) 부위

누워쏴사격자세 : 뒤로 누워 사격하는 기술.

눌러밀치기 : 손과 팔이나 발로 상대를 누르며 밀어 치는 기술.

다리교차벌려주기 : 양다리를 앞뒤로 벌려 다리 전후근육을 유연하고 부드럽게 하는 근신전 운동 자세.

다리벌리고엎드려앞가슴대주기 : 양다리를 좌우측면으로 벌려 다리 내측근육을 유연하고 부 드럽게 하는 근신전운동 자세.

다리제압 : 고관절, 무릎, 발목 부위의 급소, 관절, 골격 등을 수족으로 누르거나 밟기, 잡아 꺾거나 비틀기, 조르기 기술로 앞, 뒤, 옆에서 제압하는 기술.

단검 : 30cm 내의 검.

단검형법 : 기본권법자세를 이용해 단검을 한손에 쥐고 기본권법으로 하는 기술.

단도 : 던져 찌를 수 있도록 짧고 작게 만든 한날 칼

단봉 : 30cm 내의 짧은 봉.

단봉형법 : 기본권법자세를 이용해 단봉을 한손에 쥐고 기본권법으로 하는 기술.

단수 : 하나의 기술로 상대를 제압하는 기술.

단식막고차기 : 막고 차는 연속동작을 한번 하는 기술.

단식막고치기 : 막고치는 연속동작을 한번 하는 기술. 일수, 양수, 좌우에 세부적용.

단식막기자세 : A, B형 기본수팔막기를 한번 막기로 수련하는 기술을 말함.

단식발차기 : 한발을 이용하여 1회만 차는 동작.

단식발차기법 : 18가지 발차기로 체계화되어 이루어진 것으로 모든 발차기의 기본이 된다. 특징은 동작이 크기 때문에 유연성증대, 근력증대, 지구력증대, 평형감각증대, 순발력증 대에 크게 도움이 된다. 공격 시에는 주로 중, 상부위를 목표로 찬다.

단식베기 : 한번 베기.

단식보디플스아웃기법 : 한번 하는 보디플스아웃 기술.

단식찌르기 : 한번 찌르기

단식치기자세 : A, B형 정권 및 수도치기를 한번 치기로 수련하는 기술을 말함.

단전호흡 : 우리 신체와 정신 속에 있는 기운을 생성시켜 건강하고 강한 심신을 단련시키는 방법.

단전호흡법 : 단전으로 숨을 내쉬는 정신 및 기공 수련법이다. 수련자는 주로 하단전부위에 복식호흡으로 수련하는 기술.

당겨제끼기 : 손과 팔, 다리로 상대의 의복이나 신체를 당겨 제끼는 기술.

당겨제치기 : 당겨 제껴 친다는 뜻으로 손과 팔로 상대를 당겨 균형을 무너트리고 동시에 제껴

완전히 중심을 잃게 하고 동시에 쳐 강하게 튕겨나거나 넘어지게 하는 기술.

당겨치기 : 손과 팔, 다리로 상대의 의복이나 신체를 당겨 치는 기술.

당기기 : 손과 팔, 다리로 상대의 의복이나 신체를 당기는 기술.

대각 : 전후좌우 사선(45°) 방향으로 직선 또는 곡선으로 발을 내딛어 옮겨 위치를 이동하거나 방향전환 하는 자세.

대각배내려베기 : 검을 쥔 손바닥을 위로 하여 위에서 무릎아래까지 사선으로 내려 베는 기술.

대각배올려베기 : 검을 쥔 손바닥을 위로 하여 아래에서 머리 위까지 사선으로 올려 베는 기술.

대각팔굽장치기 : 팔굽장을 대각으로 비스듬히 치는 기술. 올려치기, 내려치기, 밀어치기.

대각팔굽치기 : 팔굽을 대각으로 비스듬히 치는 기술. 올려치기, 내려치기, 밀어치기.

대각평내려베기 : 검을 쥔 손등을 위로 하여 위에서 무릎아래까지 사선으로 내려 베는 기술.

대각평올려베기 : 검을 쥔 손등을 위로 하여 아래에서 머리 위까지 사선으로 올려 베는 기술.

대련 : 짝을 지어 약속에 의한 겨루기 단련을 한다는 뜻으로 상대의 공격과 자신의 방어 그리고 자신의 공격과 상대의 방어에 대한 모든 상황을 예견하고 공격과 방어 등을 실제상황에 가장 근접하여 단련하는 기술.

대련견제기술 : 상대를 견제하여 자신의 빈틈을 보이지 않고 쉽사리 공격 할 기회를 주지 않는 기술.

대련공격기술 : 권법, 발차기, 무기술, 권무형법결합, 호신술결합, 전환선법결합, 낙선법결합, 특기술법결합 등 손과 팔, 다리와 발, 무기 등 다양한 방법으로 상대를 공격하는 기술.

대련방어기술 : 손과 팔, 다리와 발, 전환선법으로 상대의 공격을 막고, 흘리고, 유도하고, 피하는 기술.

대련전환선법 : 방어와 공격을 자유자제로 할 수 있는 스텝기술.

던지기법 : 상대의 수팔, 목, 몸통, 허리, 다리, 수족, 의복, 머리까락 등 신체의 전신을 잡아 지렛대 원리를 이용해 잡아 던지기, 당겨 던지기, 밀어 던지기, 걸어 던지거나 넘기는 기술.

도 : 금속성 재질로 된 전무무기 . 주로 찌르기 용으로 양날이 서 있음.

도검견제자세 : 한손은 수도 다른 한손은 검을 든 견제자세로 상팔, 중팔, 하팔 자세로 견제하는 기술.

도봉견제자세 : 한손은 수도 다른 한손은 봉을 든 견제자세로 상팔, 중팔, 하팔 자세로 견제하는 기술.

두백 : 머리의 위쪽 중앙 부위.

두번공격대련 : 상대와 공격 기회를 한번 씩 나눠가지며 복식(두 번, 혼용복식, 결합복식) 공격을 하고 상대 복식공격에 방어 하거나 피하고 다시 공격하고 다시 방어하거나 피하고를 반복하여 수련하는 대련 기술.

두법 : 머리를 이용하는 기술.

두법특기술 : 머리 및 턱을 이용한 밀기, 누르기, 찍기, 제끼기, 걸기 등의 기술.

두자세 : 머리를 사용하는 방법을 익히기 위한 수련자세.

두천 : 두백의 뒤쪽 부위.

두측 : 머리의 측면 부위.

뒤굽서기 : 발을 앞뒤로 큰 걸음 넓이로 벌려 앞무릎을 곧게 펴고 몸의 중심을 4/3 뒤로 두고

　　　뒷무릎은 90°로 굽혀 선 자세.

뒤굽장(뒤꿈치) : 발의 뒤쪽 발바닥과 발목 사이에 이르는 부위.

뒤굽족장 : 발바닥의 뒤 쪽 부위.

뒤꿈치차올리기 : 발목을 유지한 상태에서 발바닥이 위로 보이게 다리를 머리 위로 무릎을 펴서 높이차는 차는 기술.

뒤돌아점프발차기 : 뒷발을 반원뒷전환으로 돌아들어 올려 앞발로 차는 발차기술.

뒤발목장 : 발목관절에서 종아리에 이르는 발목이 뒤쪽 부위.

뒤서기 : 발을 앞뒤로 보통걸음 넓이로 벌려 몸의 중심을 3/2 뒤로 두고 양 무릎을 곧게 펴 선 자세.

뒤양세쥔검상단자세 : 양손을 머리 위로 올려 검날 끝이 뒤로 또는 뒤 내외 대각으로 향하게 선자세로 수직 또는 대각으로 내려 밸 수 있는 자세. 무릎반평자세, 반앞굽이자세, 반뒷굽이자세를 취함.

뒤양세쥔검중단자세 : 양손으로 쥔 검날 끝이 허리높이로 뒤쪽 내외로 향하게 선자세로 수평으로 돌려 베고 대각으로 내려베거나 또는 올려 밸 수 있는 자세. 무릎반평자세, 반앞굽이자세, 반뒷굽이자세를 취함.

뒤양세쥔검하단자세 : 양손으로 쥔 검날 끝이 무릎높이로 뒤쪽 내외로 향하게 선자세로 대각으로 올려 밸 수 있는 자세. 무릎반평자세, 반앞굽이자세, 반뒷굽이자세를 취함.

뒤차기 : 평선으로 몸을 돌려 다리를 직선 뒤로 들고 족도로 허리 측면수평으로 다리를 접는 동시에 무릎을 힘차게 뻗어 차는 기술.

뒷꿈치걸어돌려차기 : 뒤꿈치로 측면수평으로 다리를 접는 동시에 무릎을 힘차게 뻗어 원으로 돌려 걸어차는 기술.

뒷꿈치대각내려찍어차기 : 뒤꿈치로 측전상방으로 발을 뻗었다가 무릎을 접어 차는 기술

뒷꿈치원그려돌려차기 : 뒤발을 앞으로 교차(평전교B)하여 전진해 앞발을 곧게 펴 안에서 밖으로 큰 원형으로 돌려 차는 기술.

뒷발들어점프발차기 : 뒷발을 앞으로 옮겨 들어 올려 도약한 후 차는 발차기술.

등배신전운동 : 누운 상태에서 양다리를 곧게 펴 뒤로 넘겨 양발 끝이 지면에 닿게 하여 경추, 흉추, 요추의 각 관절과 이를 감싼 근육을 유연하고 부드럽게 하는 근신전운동 자세.

마무리호흡 : 모든 준비운동으로 인한 긴장된 근육과 호흡불안 및 혈압의 안정을 돕도록 하는 것.

막고차기자세수련 : 수팔막기자세와 혼용하여 발차기를 수련함.

막고치기자세수련 : 수팔막기자세와 혼용하여 수팔치기를 수련함.

막기 : 여러 형태의 공격으로 부터 방어하는 기술.

막기법 : 수족 또는 무기를 이용한 상대의 공격을 1차적으로 방어하고 잡기, 치기, 차기, 꺾기, 던지기 기술을 동시에 구사 할 수 있는 위치와 자세를 취 할 수 있는 막기 기술

막잡당전환법 : 전환법을 이용하여 막고 잡고 당기는 동작을 동시에 익히는 기술.

맨손대무기대련 : 무기를 소지하고 공격하는 일대 일로 맞서 겨루는 대련 기술.

맨손호신술 : 무기를 들고 있지 않은 상태에서 상대의 수족 공격 및 무기 공격 시 자신의 수족을 이용해 방어하고 제압하는 기술.

머리들어버티기 : 발바닥과 손바닥을 지면에 대고 누워 상, 하체를 유선형으로 들어 올려 펴

　　　전신근육의 근력증강과 더불어 유연하고 부드럽게 하는 근 신전운동 자세.

명상 : 고요히 눈을 감고 생각을 깊이 함.

명상실시 : 지, 수, 화, 풍, 공에 의식을 집중하여 실시.

명상호흡 : 고요히 눈을 감고 심신이 일치되도록 정신을 집중하고 깊이 숨을 내쉬며하는 호흡.

명상훈련 : 무에서 유를 얻는 훈련법으로 초자연적인 신비의 힘을 창조하는 능력을 키움.

모아차기 : 양발을 모아 차는 기술.

모지관수도 : 모지를 세워 편 자세로 치(찌른)는 기술.

모지모수도 : 수도 자세에서 엄지손가락만을 안으로 말아 쥔 상태에서 엄지 중관절 부위.

모지모수도치기 : 모지모수도로 수직 수평 곡선으로 치는 기술.

모지정권치기 : 모지 중관절 부위를 세워 감아쥔 자세로 치는 기술.

모지편관수도치기 : 모지를 인지에 붙여 편 자세로 치(찌른)는 기술.

목(머리)제압 : 머리의 급소, 목의 급소를 수족으로 누르거나 밟기, 꺾기, 조르는 기술로 앞, 뒤, 옆에서 제압하는 기술.

목검 : 나무 재질로 진검모양으로 만든 수련검

몸통제압 : 몸통, 허리, 척추 부위의 급소, 관절, 골격 등을 수족으로 누르거나 밟기, 잡아 꺾기, 조르기 기술로 앞, 뒤, 옆에서 제압하는 기술.

몸통호위호신술 : 경호대상보다 앞서 위해기도자의 공격 방향으로 자신의 몸통으로 인벽형태를 취해 보호하는 방어 기술.

무기 : 사람을 살상하는 용도로 사용하는 칼, 검, 창, 총 등.

무기공격자세 : 봉 또는 검으로 공격 방향과 높낮이를 조절하여 치기, 찌르기, 베기 공격법을 수련하는 기술을 말함.

무기공격호신술 : 봉, 검, 권총 또는 기타 무기로 공격 했을 때 또는 공격 하려 할 때 수족 또는 무기로 방어하고 공격해 제압하는 호신술기술.

무기단식막기 : 한번 막기.

무기단식치기 : 한번 치기.

무기대무기대련 : 상호간 무기를 소지하고 일대 일로 맞서 겨루는 대련 기술.

무기막고찌르기 : 무기로 막고 찌르는 기술.

무기막고찍기 : 무기로 막고 찍는 기술.

무기막고차기 : 무기로 막고 발차기로 가격 하는 기술.

무기막고치기 : 무기로 막고 치는 기술.

무기무술 : 무기를 사용해 무술을 익히는 것.

무기방어자세 : 봉 또는 검으로 상대 수족 및 무기로 공격할 경우 공격의 방향과 높낮이에 따라 막아내는 수련하는 기술을 말함.

무기법 : 무기를 이용하는 기술.

무기법 : 봉(단봉, 중봉, 장봉, 쌍봉), 검(단검, 중검, 장검, 쌍검), 총(권총, 소총) 등 각종 무기를 휴대한 상태에서 상대가 수족 또는 무기를 이용해 공격을 가할 경우 휴대한 무기를 사용해 방어 하고 제압하는 기술

무기복식막기 : 두 번 막기.

무기복식치기 : 두 번 치기.

무기상팔견제자세 : 양손에 무기를 쥐고 한손은 상대 눈높이로 올리고 다른 한손은 어깨 높
 이로 올려 견제하는 기술.

무기연결막기 : 봉 또는 검 막기를 처음부터 마지막 순서까지 모두 연결해서 막는 기술.

무기연결찌르기 : 봉 또는 검 찌르기를 처음부터 마지막 순서까지 모두 연결해서 찌르는 기술.

무기연결치기 : 봉 또는 검치기를 처음부터 마지막 순서까지 모두 연결해서 치는 기술.

무기좌우복식막기 : 좌우로 한번씩 두 번 막기.

무기좌우복식찌르기 : 좌우로 한번씩 두 번 찌르기.

무기좌우복식치기 : 좌우로 한번씩 두 번 치기.

무기좌우혼용복식막기 : 두가지 막기술을 좌우로 한번씩 연결해 막고 막기로 두 번 막는 기술.

무기좌우혼용복식찌르기 : 두가지 찌르기기술을 좌우로 한번씩 연결해 찌르고 찌르기로 두 번
 찌르거나 치고 찌르기, 베고 찌르기, 찍고 찌르기 등으로 결합혼용.

무기좌우혼용복식치기 : 두가지 치기술을 좌우로 한번씩 연결해 치고 치기로 두 번 치기거나
 찍고치기, 베고치기, 찌르고치기 등으로 결합혼용.

무기중팔견제자세 : 양손에 무기를 쥐고 한손은 어깨 높이로 올리고 다른 한손은 가슴 높이로
 올려 견제하는 기술.

무기찌르고막기 : 무기로 찌르고 막는 기술.

무기찌르기 : 칼.검.곤.봉 무기로 찌르기

무기찍고막기 : 무기로 찍고 막는 기술.

무기치고막기 : 무기로 치고 막는 기술.

무기특기술 : 무기를 이용한 밀기, 밀치기, 당기기, 걸기, 제끼기, 제치기 등의 기술.

무기하팔견제자세 : 양손에 무기를 쥐고 한손은 허리 높이로 올리고 다른 한손은 명치 높이로
 올려 견제하는 기술.

무기형법 : 기본권법자세를 이용해 봉, 검 또는 기타 무기를 이용해 권법에 결합 혼용한 기
 술로서 전방, 전진, 좌우전진, 이방, 사방, 팔방 권법대로 무기형법 기술로 수련 할 수
 있음.

무기호위호신술 : 경호대상을 호위하며 경호용무기 및 일반무기 또는 수족으로 위해자의 공
 격을 1차로 보호 하고 역으로 공격 하거나 경호대상의 신체를 감싸 보호하며 경호용무기
 및 일반무기로 위해기도자를 역공격 제압 하는 호위호신기술.

무기혼용복식막기 : 두가지 막기술을 한번씩 연결해 막고 막기로 두 번 막는 기술.

무기혼용복식찌르기 : 두 가지 찌르기기술을 한번씩 연결해 찌르고 찌르기로 두 번 찌르거나
 치고 찌르기, 베고 찌르기, 찍고 찌르기 등으로 결합혼용.

무기혼용복식치기 : 두가지 치기술을 한번씩 연결해 치고 치기로 두 번 치기거나 찍고치기,
 베고치기, 찌르고치기 등으로 결합혼용.

무념 : 마음을 고요하고 평안하게 함. 어떠한 일에 대하여 아무런 감정이나 생각이 없음.

무념무상(무상무념) : 모든 생각을 떠나 마음이 빈 상태. 경지에 이르러 일체의 상념을 떠남.

무릎굽장 : 무릎의 위 부위. 대퇴골의 아래쪽 부분.

무릎굽혀주기 : 무릎을 앉았다 일어나 눌러주어 무릎관절과 인대를 부드럽게 하는 근신전운동

자세.

무릎대각올려차기 : 양손으로 상대를 붙잡아 당기며 다리를 무릎굽장으로 올려 차는 기술.

무릎돌려주기 : 무릎을 원형으로 돌려 무릎관절과 인대를 부드럽게 하는 근신전운동 자세.

무릎반서기 : 발을 앞뒤로 보통 큰 넓이(60cm~70cm)로 벌려 몸의 중심을 중앙에 두고 양 무릎을 45°로 굽혀 선 자세.

무릎반평서기 : 좌우로 양발을 보통 큰 넓이(60cm~70cm)로 벌려 양 무릎을 45°로 굽혀 선 자세.

무릎쏴사격자세 : 한쪽 무릎을 지면에 닿게 하고 반대 무릎을 90°구부려 세워 앉은 자세로 사격하는 기술.

무릎잡고다리벌려눌러주기 : 고관절과 대퇴부 뒤쪽 그리고 엉덩이 대둔근부위의 근육파열 등의 부상을 예방하는 근신전운동 자세. 다리를 짧게 혹은 길게 벌려서 함.

무릎장 : 무릎의 아래 부위. 경골의 위쪽부분.

무릎전교자세 : 발을 앞뒤로 벌린 다음 뒤 다리를 뒤로 90°로 돌려 다리가 교차되도록 한다. 뒤 무릎이 앞무릎 뒤에 가볍게 밀착되도록 하고 앞다리는 전방을 향하도록 한 후 45°를 유지하고 뒤 다리는 측면을 향하도록 하여 무릎이 지면과 거의 수평을 유지하며 앞꿈치를 살려 지면에 지지한다.

무릎펴고코지면에닿도록밀어주기 : 발바닥과 머리를 지면에 대고 누워 상, 하체를 유선형으로 들어 올려 펴 전신근육의 근력증강과 더불어 유연하고 부드럽게 하는 근 신전운동 자세. 특히 경추 목근을 강하고 탄력 있게 해줌.

무릎평서기 : 좌우로 양발을 큰 넓이(80cm~100cm)로 벌려 양 무릎을 90°로 굽혀 선 자세.

무수공중뒤로돌기 : 두 발로 점프하면서 허리를 활처럼 뒤로 젖혀 공중 돌아 손을 지면에 짚지 않고 바로 두발로 착지하여 서는 기술.

무수공중수평옆돌기 : 몸의 측면으로 점프하여 상체를 수평으로 유치 한 채 풍차가 돌듯 두 발을 벌려 옆으로 돌아 서는 기술.

무수공중앞돌기 : 두 발을 모아 공중점프를 하고 그대로 몸을 정면으로 숙여 공중에서 360° 회전하고 두 발로 착지 하여 서는 기술.

무수공중앞반뒤로돌기 : 무수공중옆돌기처럼 돌다 두 발을 공중에서 모아 몸을 한쪽으로 틀어 본래 시작 지점을 바라보게 두 발을 모은 상태로 착지하여 기술.

무수공중옆돌기 : 몸의 측면으로 점프하여 손을 지면에 짚지 않고 풍차가 돌듯 두 발을 벌려 옆으로 돌아 서는 기술.

무수낙법 : 공중회전으로 손을 짚어 균형을 잡을 수 없을 때 몸통과 하체를 이용해 착지 하는 기술.

무술 : 두 팔과 두 손이 지면에 닿지 않게 신체 일부만을 이용하는 기술. 손, 발등의 신체부위 또는 무기를 이용하여 신법, 두법, 수법, 족법, 무법 등으로 체계화된 공방기술로 수련하는 격투기술.

무술고수 : 심신이 단련되어 최고의 경지에 이른 사람.

무술과국가 : 무술이 국가에 기여하는 역할.

무술과기 : 생명을 유지케 하는 에너지. 인체내 흐르는 기를 특정 신체부위에 집중시켜 공격과

방어에 사용.

무술과음악 : 신체는 일정한 음파 흐름을 갖고 있으며 내외부 요인에 따라 크게 반응한다. 이를 이용해 무술을 수련하면 크게 효과를 볼 수 있음.

무술과테러범죄 : 생활 호신적 가치, 기능, 효과 증대.

무술관 : 창시자가 갖는 무예에 대한 생각 또는 관념.

무술기술 : 무술은 정신보다도 기술이 중심이 되며 기술은 과학적으로 체계화 되지 않으면 쓸모가 없다.

무술달인 : 기술적으로 더 이상 배우거나 진전 시킬 수 없는 높은 수준.

무술무기 : 무술에 사용되는 살상 도구.

무술수련 : 심신을 단련하는 것.

무술심리 : 상대방의 심신 건강상태 등을 읽거나 사용기술 또는 전략전술을 파학해 압도해야 함.

무술예술 : 무예적 요소로 예술로 표현 하는 것.

무술원생활 : 언행에 대한 습관 정도.

무술의 본질 : 무술은 싸움기술로 싸우지 않으려면 힘을 길러야 한고 싸우게 되면 이겨야 하고 이기려면 무술을 익혀야 한다.

무술의비법 : 무술마다 숨겨진 원리.

무술이념 : 시대와 환경에 따라 그 시대 사람들이 목적하는 관념.

무술전략전술 : 무술마다 갖고 있는 기술체계는 전략과 전술을 기초로 연구되고 체계회 되는 것.

무술창시자 : 독창적이고 새로운 무적 공법기법격투체계에 대하여 기술체계를 정립하고 공표한 사람.

무적공법 : 공격과 방어에 필요한 이론 체계.

무적기법 : 공격과 방어 필요한 기술 체계.

무중물체떠밀기 : 없는 물체를 있다고 가상적으로 상상하면서 무거운 물체를 두손으로 들어 가장 멀리 던진다고 의식하며 취하는 자세로서 천기와 지기를 단전호흡 및 기수련을 병행하여 백회공혈과 수공혈로 받아 체내의 단전에 모은 다음 이를 수공혈로 역류시켜 발산하는 기술.

무증공법 10번 : 손목잡아 당기기 기술.

무증공법 11번 : 어깨치기 기술.

무증공법 12번 : 무릎 눌러 제끼기 기술.

무증공법 1번 : 수팔 하단제끼기 기술.

무증공법 2번 : 수팔 중단제끼기 기술.

무증공법 3번 : 수팔 상단제끼기 기술.

무증공법 4번 : 평팔장 밀고 중단제끼기(밀어제끼기) 기술.

무증공법 5번 : 외손목굽으로 하후방 목·어깨 제끼기(걸어제끼기) 기술.

무증공법 6번 : 외손목굽으로 하방으로 당기기 기술.

무증공법 7번 : 평발장 목 밀치기 기술.

무증공법 8번 : 평발장 목 밀치고 세발장 명치 밀치기 기술.

무증공법 9번 : 내팔굽장 명치 말치기 기술.

무증공법막기 : 가상의 상대가 수족 또는 무기로 공격해온다는 설정 하에 막기술을 수련하는 기술.

무증공법보디플스아웃기법 : 가상의 상대가 있다는 설정 아래 보디플스아웃기법의 기술자세를 스스로 익히는 기술.

무증공법치기 : 가상의 상대를 수족 또는 무기로 공격한 다는 설정 하에 치기술을 수련하는 기술.

무증공법호신술 : 가상의 상대가 있다는 설정 하에 혼자서 호위호신술 기술을 숙달하는 훈련 기술.

무증공법호위낙선법 : 가상의 장애물 또는 공격이 있다는 설정 하에 낙법, 선법, 낙선법, 낙호법, 선호법, 호위낙선법을 수련하는 기술.

묵념 : 오로지 경호무술 수련정진에만 집중 하는 것. 구체적으로 양 무릎을 꿇고 바르게 앉은 다음 양손을 거머쥐어 양 무릎 위에 가지런히 올려놓고 이때 허리를 곧게 편다. 그리고 눈을 가볍게 감은 다음 무념의 상태로 의식을 취하고 호흡을 병행 하는 것.

밀기 : 손과 팔이나 다리와 발로 상대가 일정한 방향으로 움직이도록 힘을 가해 미는 기술.

밀당치기 : 밀고 당겨 치는 기술.

밀어제끼기 : 손과 팔, 다리로 상대의 신체를 밀어제끼는 기술.

밀어제치기 : 밀어 제껴 친다는 뜻으로 손과 팔로 상대를 밀어 균형을 무너트리고 동시에 제껴 완전히 중심을 잃게 하고 동시에 쳐 강하게 튕겨나거나 넘어지게 하는 기술.

밀어치기 : 밀치기를 기초로 하는 것으로 상대를 밀어서 치는 기술.

밀치기 : 손과 팔이나 다리와 발로 상대가 일정한 방향으로 움직이도록 힘을 가해 밀면서 치는 기술.

바깥다리차돌리기 : 안에서 밖으로 큰 원으로 돌려 차는 기술.

바꿔 : 반원으로 한발을 내딛어 옮기고 이어 다른 한발을 반원으로 내딛어 위치를 이동하여 서는 자세.

박치기 : 머리의 앞 ,뒤 ,옆, 위 각 부위로 치는 기술.

반누워상단옆차지르기 : 균형을 잃어 넘어진 상황에서 상대의 공격으로부터 방어하기 위해 반격하는 발차기술. 다양한 자세로 변형 응용할 수 있는 기본기술임 .

반뒤굽서기 : 발을 앞뒤로 보통 큰 걸음 넓이로 벌려 앞무릎을 곧게 펴고 몸의 중심을 3/2 뒤로 두고 뒷무릎은 45°로 굽혀 선 자세.

반배정권 : 손바닥이 위로 향하게 손가락 부위만 모아 쥔 자세.

반배정권치기 : 손등이 아래로 향하게 하여 중지 중관절 부위로 가격하는 치기기술.

반사신경증대 : 자극에 대해 기계적으로 일어나는 신체의 국소적인 반응 능력을 키우는 기술.

반세정권 : 모지가 위로 향하게 손가락 부위만 모아 쥔 자세.

반앞굽서기 : 발을 앞뒤로 보통 큰 걸음 넓이(60cm~70cm)로 벌려 앞무릎을 45°로 굽히고 몸의 중심을 3/2 앞으로 두고 뒷무릎은 곧게 펴 선 자세.

반원 : 반원은 원의 중심에서 원의 둘레인 360°를 반으로 할 때 180°를 의미하는 것으로 한 발을 180°로 직선 또는 곡선으로 내딛어 옮겨 방향전환 하는 자세.

반전 : 180° 반원의 반인 직각(90°)으로 한발을 직선 또는 사전으로 내딛어 옮겨 방향전환

하여 서는 자세.

반정권 : 사지 중관절만 모아 쥔 자세.

반평정권 : 손등이 위로 향하게 하여 사지 중관절 손가락 부위만 모아 쥔 자세.

반평정권치기 : 손등이 위로 향하게 하여 중지 중관절 부위로 가격하는 치기기술.

발(족)막기자세 : 상대방에 의한 하단발차기나 무기 공격을 방어하기 위해 발을 사용해 직선 또는 곡선 그리고 높낮이 등을 조절하여 막거나 차 내는 기술을 수련하는 기술.

발끝찍어차기 : 발등 평족장으로 외서내로 무릎을 들어 올려 대각으로 힘차게 뻗어 차는 기술.

발등끝(발끝) : 발가락의 윗 부위.

발등반달내려찍어차기 : 다리를 안다리 돌려차기처럼 밖에서 안으로 들어올리는 동시에 상체를 180° 돌려 발등이 지면을 향하도록 한 상태에서 수직으로 내려 차는 기술.

발등장 : 발등의 정 중앙 부위.

발목관절돌려풀어주기 : 양다리를 펴고 앉아 한쪽다리를 구부려 다른 다리의 무릎위에 올려 놓고 발끝을 잡아 원형으로 돌려 발목관절과 인대를 유연하고 부드럽게 하는 근 신전운동 자세.

발목굽 : 발목의 굽혀진 좁은 부위.

발목굽장 : 발목의 펴진 넓은 부위.

발목매어 : 권총집을 발목에 매는 기술.

발차기 : 무릎, 정강이, 발목, 발등, 발의 앞뒤부위, 발바닥 부위에 힘을 집중하여 상대에게 가격을 가하기 위해 다리를 들어 올려 다양하게 차는 기술.

발차기대련 : 하단발차기, 단식발차기, 응용발차기, 복식발차기법, 점프발차기법, 특수발차기법, 전환선법발차기법으로 상대와 맞서 겨루는 훈련법으로 한번공격대련, 두 번 공격대련, 자유공격대련으로 수련단계를 높여 훈련 하는 기술.

발차기법 : 발의 자세를 상대방을 공격하기 위해 일정한 기법으로 체계화된 기술.

방어자세 : 상대방의 역습에 대비하여 수팔 자세로 견제하면서 몸의 중심을 뒤로 이동시키며 자세를 낮추는 기술.

배(내, 외)손목굽(장)치기 : 손바닥을 위로 하여 손목굽(장)을 수평으로 치는 기술.

배관수도치기 : 배수도 자세 손끝으로 찌르거나 그어 치는 기술.

배베기 : 손바닥이 위로 향하게 하여 수평 및 사선, 유선으로 돌려, 내려 또는 올려 베는 베기술. 양손으로 쥔 경우 검 손잡이 위쪽에 쥔 손을 기준함.

배수도 : 손등이 아래로 향하게 오지를 모아 편 자세.

배수도치기 : 배수도로 밖에서 안으로 수평 또는 대각 으로 치는 기술.

배원그려베기 : 검을 쥔 손을 오른쪽 뒤에서 왼쪽 뒤까지 손바닥을 위로 하여 360° 원을 그려 유선으로 베는 기술.

배원그려치기 : 봉을 쥔 손을 오른쪽 뒤에서 왼쪽 뒤까지 손바닥을 위로 하여 360° 원을 그려 유선으로 돌려 치는 기술.

배젓기 : 양손에 놋을 쥐고 양 옆으로 젓는다고 상상하면서 힘차게 밀어 당기는 자세를 의식하며 취하는 자세로시 외(지연)기를 단전호흡 및 기수련을 병행하여 손바닥 소공혈로 끌어 모은 후 손목을 꺾어 기문혈을 닫아 단전기해에 모았다가 손목관절에 기를 모아 발산하지

않고 집중시키는 기술.

배정권 : 평정권 자세에서 손등이 지면 아래로 향하게 한 자세

배정권치기 : 배정권 직선, 사선, 곡선 형태로 팔을 들어 올려 앞으로 뻗어 치는 기술.

배팔장치기 : 손등을 아래로 하여 팔장으로 치는 기술.

벌려차기 : 양발을 벌려 차는 기술.

보디플스아웃기법 : 몸을 밀어 젖힌다는 뜻으로 손가락, 손, 팔, 어깨, 다리, 무릎, 발, 몸통 등 신체 전신을 이용하여 가장 단순한 동작으로 상대방의 몸의 균형을 잃게 하여 밀려나거나 넘어지도록 하는 것으로서 제3자나 카메라와 같은 증인 또는 증거가 될 수 있는 상황에서도 전혀 고의적 공격이라고 입증할만한 자세가 표출 되지 않도록 하며, 또 보디플스아웃기법을 당하는 상대가 순간 어떻게 된 것인지 느낄 수 없도록 하는 것이 가장 잘 하는 것임.

복수 : 두 가지 이상의 기술을 연속 시도해 상대를 제압하는 기술.

복식권법 : 전후좌우로 2회 이상 연속적으로 기본권법을 취하는 기술.

복식낙법 : 기본 낙법을 두 번 연속 하는 기술.

복식낙선법 : 기본 낙선법을 두 번 연속 하는 기술.

복식막고차기 : 동일한 막고차는 연속동작을 두 번 하는 기술.

복식막고치기 : 동일한 막고치는 연속동작을 두 번 하는 기술. 일수, 양수, 좌우에 세부적용.

복식막기자세 : A, B형 기본수팔막기를 좌우 두번 막기로 수련하는 기술을 말함.

복식발차기 : 한발(일족)을 이용해 같은 발차기 기술로 2회 연속으로 차는 기술.

복식발차기법 : 2회 연속으로 차는 발차기술.

복식베기 : 연속 베기.

복식보디플스아웃기법 : 두 번 시도하는 보디플스아웃 기술.

복식선법 : 기본 선법을 두 번 연속 하는 기술.

복식찌르기 : 연속 찌르기

복식치기자세 : A, B형 정권 및 수도치기를 좌우 연타 두번 치기로 수련하는 기술을 말함.

복식호흡 : 뱃가죽을 한 번 폈다 다시 오므렸다 해서 가로막의 신축에 의하여 하는 호흡으로 숨을 들어 마실 때 복부로 깊게 들어 마신 후 내 뱉는 법으로 갓난아이의 호흡법과 유사하게 한다.

봉 : 무술수련을 위해 사용되는 도구

봉도견제자세 : 한손은 봉을 들고 다른 한손은 수도로 견제하는 자세로 상팔, 중팔, 하팔 자세를 취하는 기술.

봉의재질 : 목(나무).금(철).플라스틱

봉의크기 : 단봉, 중봉, 장봉.

봉정견제자세 : 한손은 봉을 들고 다른 한손은 정권을 쥔 견제자세로 상팔, 중팔, 하팔 자세로 견제하는 기술.

봉종류 : 원봉.각봉.이단봉,삼단봉

봉찌르기 : 단봉, 삼단봉, 중봉, 장봉으로 공격 방향과 높낮이를 조절하여 급소를 찌르는 찌르기 기술.

봉찍기 : 단봉, 삼단봉, 종봉, 장봉을 쥔 부위의 끝으로 공격 방향과 높낮이를 조절 하여 급소 및 골격을 찍듯이 쳐 가격 하는 치기술.

봉치기 : 단봉, 삼단봉, 중봉, 장봉으로 공격 방향과 높낮이를 조절 하여 가격기술.

부정인식 : 수련생이 겪을 수 있는 어려움.

비법의근본 : 과학원리를 기초로 체계화 됨.

사격술 : 총파지법 표적식별법, 조준법, 격발법 ,의탁법, 낙선법 등의 기술

사격술법 : 서서쏴, 앉아쏴 ,엎드려쏴, 누워쏴, 의탁쏴, 낙선법쏴, 전환선법쏴, 차량기동간쏴 등이 있다.

사격호흡 : 사람은 1분에 약 18회의 호흡을 하는데 호흡하려면 배와 어깨를 비롯하여 온몸이 비세하게 움직이게 되어 있다 호흡시의 움직임은 조준과 격발에 큰영향을 미치므로 호흡을 일시 정지하여 무호흡 상태로 조준과 격발을 함. 호흡정지는 12초 이내로 함.

사고력발달 : 바른 생각을 갖고 창의적이고 지혜로운 사람으로 성장하거나 성숙해 지도록 하는 것.

사람을쓰러뜨리는 기술 : 상대의 중심을 무너트려 평형감각을 잃게 함.

사방 : 전후좌우로 방향이나 위치를 이동하여 서는 자세. 대각사방향을 포함하면 팔방이 됨.

사방권법 : 전후좌우방향으로 같은 권법을 하는 기술.

사방복식발차기 : 한발로 하단, 단식 발차기를 전측후측 또는 전후좌우로 연이어 차는 발차기. 차기 첫 방향을 정 할 수 있음.

사방복식발차기법 : 연달아 네(4) 방향에 걸쳐 연속으로 차는 발차기술로서 한발을 이용하는 방법과 양발을 이용하는 방법으로 구분해 차는 기술.

사방수족(족수)형법 : 전후좌우 각 방향으로 기본권법하고 발차기(발차기하고 권법)를 이어 하는 기술.

사방응용복식발차기 : 스스로 착안해서 구현하는 외기술 발차기로서 높낮이와 방향 또는 자세를 달리 하여 차는 복식 발차기.

사방전방권법 : 전후좌우방향으로 전방권법을 하는 기술.

사방전진권법 : 전후좌방향으로 같은 권법을 연속 2회씩 하는 기술.

사방전진혼용권법 : 전후좌우방향으로 다른 권법을 연속 2회씩 하는 기술.

사방좌우전진권법 : 전후좌우방향으로 같은 권법을 좌우발을 바꿔 나아가며 연속 2회씩 하는 기술.

사방좌우전진혼용권법 : 전후좌우방향으로 다른 권법을 좌우발을 바꿔 나아가며 연속 2회식 하는 기술.

사방좌우족복식발차기 : 양발로 네 번 바꿔 차며 하단, 단식 발차기를 전측후측 또는 전후좌우로 연이어 차는 발차기. 차기 첫 방향을 정 할 수 있음.

사방혼용권법 : 전후좌우방향으로 서로 다른 권법을 하는 기술.

사방혼용복식발차기 : 한발로 하단, 단식 발차기의 순서를 혼용하거나 하상(상하)단으로 결합 혼용하여 전측후측, 전후좌우로 연이어 차는 발차기. 차기 첫 방향을 정 할 수 있음.

사방혼용좌우족복식발차기 : 양발로 네 번 바꿔 차며 하단, 단식 발차기의 순서를 혼용하거나 하상(상하)단으로 결힙 혼용하여 전측후측, 전후좌우로 연이이 치는 발차기. 2개혼용연결, 4개결합 혼용연결 할 수 있고 차기의 첫 방향을 정 할 수 있음.

사지반관수도치기 : 세손가락 중관절만 90° 구부려 힘을 준 손 끝으로 치는 기술.

삼각상세수도치기 : 삼각평수도를 손목을 꺾어 손가락이 위를 향하도록 하여 안에서 밖으로 직선 또는 곡선으로 뻗어 치는 기술.

삼각수도 : 모지와 인지 사이 V자 모양으로 벌린 부위. 구체적으로 모지와 인지를 V자로 최대한 벌린 상태에서 모지중관절과 인지중관절에 이르는 부위.

삼각팔굽장 : 구부린 팔꿈치의 안쪽 부위. 팔의 위아래 마디가 붙은 관절의 안쪽 위아래로 20cm가량 부위.

삼각팔굽장치기 : 삼각팔굽장을 125° 각도로 굽혀 벌려 수평 또는 대각으로 치는 기술. 돌려치기, 내려치기, 올려치기.

삼각평수도치기 : 삼각평수도로 안에서 밖으로 직선 또는 곡선으로 뻗어 치는 기술.

삼단봉 : 금속제로 제작되어 3단으로 펼쳐진 60cm내외의 봉.

삼단세중쥔장봉 : 장봉을 3등분하여 중앙을 너비 60cm정도로 양손으로 교차하여 쥐어 잡는 기술.

삼단세쥔장봉 : 장봉 끝을 위로 하여 한손으로 봉 하단을 쥐어 잡고 다른 한손으로 하단 3/1 지점을 쥐어 잡는 기술.

삼단전 : 상, 중, 하 세 단전을 말함.

삼단중쥔장봉 : 장봉을 3등분하여 중앙을 너비 60cm정도로 양손으로 쥐어 잡는 기술.

삼지모관수도치기 : 모지위에 인지, 중지를 얹어 모아 편 자세로 치(찌른)는 기술.

삼지반관수도치기 : 세손가락 중관절만 90° 구부려 힘을 준 손 끝으로 치는 기술.

삼지반중정권치기 : 세손가락을 반정권으로 쥔 자세로 치는 기술.

삼지편관수도치기 : 인지, 중지, 약지를 곧게 편 자세를 취하여 치(찌른)는 기술.

상단검배찌르기 : 검끝날이 앞으로 향하게 검 손잡이를 왼편 옆구리 쪽으로 빼서 얼굴, 목을 향해 팔을 펴 사선으로 찌르기.

상단검세찌르기 : 얼굴, 목을 향해 정면으로 팔을 펴 찌르기.

상단검찌르기 : 한손 또는 양손으로 쥔 검을 얼굴 또는 목을 향해 팔을 정면으로 펴 찌르는 검찌르기기술.

상단검평찌르기 : 검끝날이 앞으로 향하게 검 손잡이를 오른편 옆구리 쪽으로 빼서 얼굴, 목을 향해 팔을 펴 사선으로 찌르기.

상단내려치기 : 한손 또는 양손으로 쥔 봉을 위에서 아래로 수직으로 강하게 머리 위를 내려치는 기술.

상단대각내려치기 : 한손 또는 양손으로 쥔 봉을 머리와 목동맥을 향해 좌우측면 위에서 사선으로 강하게 내려치는 기술. 세부용어:평대각상단내려치기, 배대각상단내려치기.

상단대각배내려베기 : 위에서 아래사선(우에서 좌)으로 목 높이를 내려 베는 기술.

상단대각배올려베기 : 아래서 위사선(우에서 좌)으로 목 높이로 올려 베는 기술.

상단대각봉내려찍기 : 한손 또는 양손으로 쥔 봉끝을 얼굴과 목동맥을 향해 좌우측면 위에서 사선으로 강하게 내려찍어 치는 기술. 세부용어:평대각상단내려찍기, 배대각상단내려찍기.

상단대각봉올려찍기 : 한손 또는 양손으로 쥔 봉끝을 얼굴과 목동맥을 향해 좌우측면 아래에서 사선으로 강하게 올려 찍어 치는 기술. 세부용어:평대각상단올려찍기, 배대각상단올

려찍기.

상단대각올려치기 : 한손 또는 양손으로 쥔 봉을 머리와 목동맥을 향해 좌우측면 아래서 사선
으로 강하게 올려 치는 기술. 세부용어:평대각상단올려치기, 배대각상단올려치기.

상단대각평내려베기 : 위에서 아래 사선(좌에서 우)으로 목 높이를 내려 베는 기술.

상단대각평올려베기 : 아래서 위사선(좌에서 우)으로 목 높이로 올려 베는 기술.

상단막기 : 머리위나 얼굴을 공격 할 때 막아 내는 기술. 상단(어깨 위 부위)

상단무기막기(A, B) : 단봉 또는 중봉 및 단검 또는 중검을 머리 위로 들어 올려 수평으로
막는 기술. A:손바닥이 앞으로 B:손등이 앞으로

상단발차기 : 상대의 가슴위 얼굴을 공격하는 발차기술. 주로 얼굴 머리에 타격을 가함.

상단봉찌르기 : 한손 또는 양손으로 쥔 봉의 윗 끝부분을 얼굴 또는 목을 향해 팔을 정면으로
펴 찌르는 기술. 세부용어:평찌르기, 배찌르기, 세찌르기.

상단세내려베기 : 검을 머리위로 들어 올린 상태에서 상대 눈높이까지 강하게 수직으로 내려
베는 기술.

상단세봉찍기 : 한손 또는 양손으로 세쥔 봉끝을 머리 및 얼굴을 향해 위에서 아래로 내려찍어
치는 기술.

상단전 : 뇌를 이르는 말이다. 명상호흡시 뇌를 통하여 단전호흡을 할 수 있음.

상단평수평베기 : 검을 쥔 앞손이 평쥔자세로 목 높이를 수평으로 베는 기술.

상세수도 : 오지를 모아 편 자세로 손목을 꺾어 손끝이 위로 향하게 틀어 세운 자세.

상세수도치기 : 상세수도로 내에서 앞으로 직선으로 뻗어 치는 기술.

상팔도정자세 : 양팔을 올려 한손은 손바닥을 앞으로 수도자세를 눈높이로 올리고 다른 한손은
평정권자세로 어깨높이에 올려 견제 하는 기술으로. 상대의 공격이 얼굴을 중심으로 공
격할 때 잡고 치기술을 적용하기 위한 기술

상팔수도자세 : 두 손을 편 상태에서 수도자세로 양팔을 올려 한손은 손바닥이 앞으로 눈높
이로 올리고 다른 한손은 손바닥을 위로 어깨높이로 올려 경제하는 자세로 앞쪽에 위치
한 손은 상대방의 수족공격이나 무기 공격시 잡거나 휘처내는 방어기술을 구사하고 가슴
쪽에 위치한 손은 반격에 이용되며 수도로 공격하기 위한 기술.

상팔수도자세 B형 : 양 수도자세로손바닥이 앞으로 보이게 양팔을 올려 한손은 눈높이로
올리고 다른 한손은 어깨높이로 올려 견제하는 자세로. 상대의 공격이 얼굴을 중심으로
공격할 때 잡기술을 적용하기 위한 기술

상팔정권자세 : 두 손을 거머쥐어 정권자세로 양팔을 올려 한손은 눈높이로 올리고 다른 한
손은 어깨높이로 올려는 자세로 상대의 공격이 얼굴을 중심으로 공격할 때 방어에 유리
하고 반격시 정권가격 기법으로 상대방의 얼굴이나 몸통을 집중공격하기 위한 기술.

상팔정도자세 : 양팔을 올려 한손은 평정권자세를 눈높이로 올리고 다른 한손은 손바닥을 위
로한 수도자세로 어깨높이로 올려 견제 하는 기술으로. 상대의 공격이 얼굴을 중심으로
공격할 때 잡고 치기술을 적용하기 위한 기술

상하단결합복식발차기 : 한발을 이용해 하단발차기를 먼저차고 다른 발로 이어서 기본단식
발차기를 연결해 2회 연속으로 차는 기술.

상하단결합좌우복식발차기 : 한발을 이용해 기본단식발차기를 먼저차고 다른 발로 이어서

하단기본단식발차기를 연결해 2회 연속으로 차는 기술 .

서기 : 발을 앞뒤로 벌려 보통걸음 넓이(40cm~50cm)로 벌려 몸의 중심을 중앙에 두고 양 무릎을 곧게 편 자세. 여러 가지 공격과 방어를 위해 서서 취하는 발의 자세.

서기자세응용막기자세 : 공방자세에서 A, B형 일수, 양수, 양수교차 수팔막기를 수련하는 기술을 말함. 이때 모든 서기자세를 응용 할 수 있으며 단식, 복식, 연결 막기 자세로 수련함.

서기자세응용치기자세 : 공방자세에서 A, B형 정권 및 수도치기를 수련하는 기술을 말함. 이때 모든 서기자세를 응용 할 수 있으며 단식, 복식, 연결 치기 .

서서돌려차기 : 평선으로 몸을 돌리고 발을 곡선 뒤로 들어 올려 다리를 360° 회전시켜 뒤 꿈치로 차는 기술

서서쏴사격자세 : 어깨넓이로 두 다리를 앞뒤 또는 좌우로 벌려 서서 사격하는 기술.

선법 : 신체의 균형을 잃고 몸의 일부 또는 전부가 지면에 닿아 있거나 낙법과 같은 유형에 의하여 의도된 착지상황에서 신속히 지면으로부터 이탈 몸을 일으킬 는 기술.

선법사격술 : 신속히 몸을 일으켜 사격하는 기술.

선호법 : 낙호법 직후 또는 경호대상자가 몸의 균형을 잃고 넘어져 있을 때 신속히 경호대상의 몸을 세워 일으켜 안전을 확보 하는 기술.

세(내, 외)손목굽(장)치기 : 모지를 위로 하여 손목굽(장)을 수직(수평)으로 치는 기술.

세관수도치기 : 세수도 자세 손끝으로 찌르거나 그어 치는 기술.

세베기 : 검을 쥔 손의 엄지와 검지가 위로 향하게 하여 수직으로 내려 베는 기술.

세수도 : 손등이 측면으로 향하게 하여 오지를 모아 편 자세.

세수도치기 : 세수도로 위에서 아래로 수직 또는 대각 으로 치는 기술.

세수장 : 수도자세에서 손목을 손등쪽으로 꺾어 90° 를 유지케 한 상태에서 손바닥 엄지관절 수평선 중앙부위.

세수장치기 : 세수장으로 직선으로 치는 기술.

세정권 : 평정권 과 배정권 사이로 손등이 측면을 향하도록 한 자세

세정권치기 : 세정권 직선으로 앞으로 팔을 뻗어 치는 기술.

세쥔단검 : 단검의 끝날이 위로 하게하여 손잡이를 세정권처럼 쥐어 잡는 기술.

세쥔단봉 : 단봉을 끝이 위로 하게하여 봉 하단을 세정권처럼 쥐어 잡는 기술.

세쥔삼단봉 : 삼단봉 끝이 위로 하게하여 손잡이를 세정권처럼 쥐어 잡는 기술.

세쥔장검 : 장검의 끝날이 위로 하게하여 손잡이를 세정권처럼 쥐어 잡는 기술

세쥔중검 : 중검의 끝날이 위로 하게하여 손잡이를 세정권처럼 쥐어 잡는 기술.

세쥔중봉 : 중봉의 끝이 위로 하게하여 봉 하단을 세정권처럼 쥐어 잡는 기술.

세팔굽장치기 : 팔굽장을 수직으로 내려치는 기술.

세팔굽치기 : 손끝을 위로 해 팔을 수직으로 하고 팔꿈치로 치는 기술. 올려치기, 내려치기, 밀어치기.

세팔장치기 : 손등이 측면으로 하여 팔장으로 치는 기술.

소총 : 금속탄환을 원거리 발사하는 현대화된 무기.

소총양손파지법 : 한손은 총열 한손은 손잡이와 방아쇠를 잡고 개머리판을 어깨에 견착하여 취하는 기술.

소총파지법 : 조준 하고 사격하기 위해 올바르게 소총을 잡는 자세.

소형무기 : 칼이나 총기류.

손목굽 : 손목을 수평으로 꺾었을 때 홈이 형성된 부위로 손목부터 5cm가량 부위로 손목 측면의 내 외측을 말함.

손목굽장 : 손목을 수평으로 꺾었을 때 홈이 형성된 반대쪽으로 손목부터 5cm가량 부위로 손목 측면의 내 외측을 말함.

손목장 : 손목부터 5cm가량 부위로 내측과 외측을 말한다.

손목장치기 : 상하좌우대각으로 직선 사선 곡선으로 다양하게 치는 기술.

손팔제압 : 손가락, 손목, 팔굽, 어깨 부위의 급소, 관절, 골격 등을 수족으로 누르거나 밟기, 잡아 꺾거나 비트는 기술로 앞, 뒤, 옆에서 제압하는 기술.

수도 : 손을 칼날(手刀)처럼 세워 무기처럼 사용 한다는 뜻으로 손의 날 밑 부위. 구체적으로 수도새끼손가락 끝 부분에서 손목에 이르는 부분 성인남성의 손 밑 8cm~10cm정도 크기 부위.

수도치기자세(A, B) : 수도를 사용해 직선, 사선, 곡선 그리고 높낮이 등을 조절하여 치는 기술.

수련4단계 : 기본단계, 혼용단계 ,응용단계, 결합단계를 말한다.

수련생 : 경호무술을 입문해 배우는 원생.

수련생 기술 습득과정 : 무급과정, 유급과정, 유단과정과 수련단계에 따른 심신변화 과정.

수련생 부상 : 창상, 골절, 의식불명 시 응급조치 방법.

수련생의 특징 : 경험, 연령, 체력, 동기.

수련생이 수련을 기피할 때 : 수련생이 흥미를 잃었을 때 원인분석과 동기 및 흥미를 유발할 수 있는 여러 관리지침.

수련인사 : 모든 수련에 있어서 시작을 의미하며, 스승이나 제자에게 구분 없이 동등한 인격으로서 상호 존중하는 인사 예절법.

수련인사법 : 두발을 모아 붙인 상태차렷 자세로 에서 어때 높이로 양팔을 올려 왼손은 상세 수도자세 오른손은 평정권자세로 취해 좌우손이 마주보게 붙여 "경"이라 크게 기합을 넣은 다음 이어서 팔을 수평 앞으로 내뻗는 동시 목과 허리를 30°~45° 숙여 유지하며 "호"라 크게 기합을 넣어 인사를 한 다음 굽혀진 상체와 머리를 들어 올리며 양 팔을 최초의 자세로 가지런히 내려 바르게 섬

수법 : 손을 이용하는 기술.

수법특기술 : 손을 이용한 밀기, 밀치기, 당기기, 걸기, 제끼기, 제치기 등의 기술.

수족공격시호신술 : 상대가 수족으로 공격 했을 때 또는 공격 하려 할 때 수족 또는 무기로 방어하고 공격해 제압하는 호신술 기술.

수족공격자세 : 손과 발을 사용하여 직선 또는 곡선 그리고 높낮이 등을 조절하여 상대를 가격하는 치기 기술과 차기 기술.

수족공방자세 : 손과 발의 모양을 적정하게 변화시켜 공격 과 방어하는 기술 .

수족방어(막기)자세 : 손과 빌을 사용하여 직선 또는 곡선 그리고 높낮이 등을 조절하여 공격하는 상대의 공격을 수팔 또는 발로 막아 내거나 쳐(차)내는 기술.

수족법 : 권법과 족법을 결합 혼용한 기술.

수족법대련 : 권법대련과 발차기대련의 기술을 결합하여 치고 차는 겨루기 훈련법으로 한번 공격대련, 두 번 공격대련, 자유공격대련으로 수련단계를 높여 훈련 하는 기술.

수족수법 : 앞으로 기본권법 하고 발차고 다시 기본권법 하기.

수족전측처치법 : 앞으로 기본권법 하고 옆으로 발차기.

수족전후처치법 : 앞으로 기본권법 하고 뒤로 발차기.

수족형법 : 기본권법을 하고 발차기.

수족호위호신술 : 경호대상을 호위하며 수족으로 위해자의 공격을 1차로 보호 하고 역으로 공격 하거나 경호대상의 신체를 감싸 보호하며 손과 발로 치고, 차고, 꺾고, 던지는 기술로 위해자를 역공격 제압 하는 호위호신기술.

수족혼용막기자세 : 상대가 수족을 사용해 직선 또는 곡선 그리고 높낮이 등을 조절하여 연속 또는 다수가 동시에 공격 할 경우 양손과 팔 그리고 발을 동시에 혼용 사용하여 공격의 방향과 높낮이에 따라 막거나 쳐(차) 내는 기술.

수족혼용정면막기 : 양팔은 수팔얼굴막기 자세로 한발은 무릎을 몸통 안까지 정강이를 대각 으로 들어 올려 상대가 정면을 공격 할 때 막아내거나 쳐내는 기술. 상황에 따라 수팔막 기자세와 발막기자세를 모두 혼용하여 사용 할 수 있음.

수족혼용좌우측면막기 : 상대가 좌우 위 아래로 동시에 공격한 경우 왼팔로 상단 및 몸통 측면 또는 정면을 막고 오른 발로 하단 몸통 및 다리를 동시에 방어 하는 기술. 예-왼팔 오른발, 오른팔 왼발.

수족혼용측면막기 : 한팔은 측면 수팔얼굴막기 자세로 한발은 무릎을 몸통높이까지 정강이를 수직으로 들어 수팔과 맞닿게 하여 상대가 측면을 공격 할 때 막아내거나 쳐내는 기술.

수팔막기자세 : 상대방에 의한 치기, 잡기, 차기, 무기등을 이용한 공격을 방어하기위해 손과 팔을 사용해 직선 또는 곡선 그리고 높낮이 등을 조절하여 막거나 쳐 내는 기술.

수팔몸통막기 : 몸통에 수팔을 밀착해 감싸 잡아 공격을 막아 내는 기술.

수팔법 : 손과 팔을 결합하여 사용하는 기술.

수팔얼굴막기 : 머리에 수팔을 밀착해 감싸 잡아 공격을 막아 내는 기술.

수팔혼용막기자세 : 상중하 측면등 다양한 각도에서 공격을 받을 때 양 손과 팔을 사용하여 공격의 방향과 높낮이에 따라 수팔막기를 혼용하여 막거나 쳐 내는 기술.

수평허리돌려주기 : 양손으로 허리를 잡고 허리를 수평원형으로 돌려주어 허리와 고관절 부 위의 근육과 관절을 유연하고 부드럽게 하는 근 신전운동 자세.

숙달과정 : 기술에 대한 자신감이 형성되는 과정.

순발력증대 : 근육이 순간적으로 빨리 수축하면서 나는 힘을 늘리거나 키우는 기술.

신법 : 몸통을 이용하는 기술.

신법특기술 : 신체의 다양한 부위를 적절하게 이용하는 기술.

신체적강화 : 사람의 근육, 관절, 급소, 수족 공격 또는 방어 부위 등을 더 강하고 튼튼하게 하는 것으로 수준이나 정도를 더 높임.

심리강화 : 흔들리고 유동적인 마음으로부터 최초의 동기나 목적을 유지하는 의식 상태를 더 강하고 튼튼하게 하여 수준이나 정도를 더 높임.

심리적강화 : 마음의 작용과 의식 상태를 더 강하고 튼튼하게 하여 수준이나 정도를 더 높임.

쌍검단식베기 : 양손에 쥔 검을 동시에 한번 베기.

쌍검복식베기 : 양손에 쥔 검을 동시에 두 번 베는 기술로서 동일 베기를 높낮이를 조절해 밸 수 있음.

쌍검일수단식베기 : 한손에 쥔 검으로 한번 베고 다른 한손의 검은 베지 않는 기술.

쌍검잡기법 : 양쪽 손으로 각각 검 손잡이를 쥐듯이 봉을 감싸 잡는 기술.

쌍검좌우복식베기 : 양손에 쥔 검을 한손 검 베고 다른 손 검으로 베기.

쌍검좌우혼용복식베기 : 양손에 쥔 검을 한손 검 베고 다른 손 검으로 다른 베기술로 베기.

쌍검형법 : 기본권법자세를 이용해 양손에 단검, 중검, 장검을 쥐고 기본권법으로 하는 기술.

쌍검혼용복식베기 : 양손에 쥔 검을 동시에 한번 베고 다른 베기술로 동시에 한번 베는 기술로서 높낮이를 조절해 밸 수도 있음.

쌍무기단식막기 : 양손에 쥔 무기를 동시에 한번 막기.

쌍무기단식찌르기 : 양손에 쥔 무기를 동시에 한번 찌르기.

쌍무기단식치기 : 양손에 쥔 무기를 동시에 한번 치기.

쌍무기막기법 : 양손에 쥔 단봉 및 중봉(삼단봉), 단검 및 중검을 공격의 방향과 높낮이에 맞춰 막아 내는 기술.

쌍무기복식막기 : 양손에 쥔 무기를 동시에 두번 막기로서 동일막기를 높낮이를 조절 해 막을 수도 있음.

쌍무기복식찌르기 : 양손에 쥔 무기를 동시에 두번 찌르기로서 동일 찌르기를 높낮이를 조절 해 찌를 수도 있음.

쌍무기복식치기 : 양손에 쥔 무기를 동시에 두번 치기로서 동일치기를 높낮이를 조절 해 칠 수도 있음.

쌍무기상단교차막기 : 양손에 쥔 무기를 머리 위로 교차되게 하여 막는 기술.

쌍무기상단막기(AB) : 양손에 쥔 무기의 끝이 머리 정면위로 향하게 대각으로 들어 올려 막는 기술. B-무기의 끝이 바깥 위로 향하게 대각으로 들어 막는 기술.

쌍무기아래막기 : 양손에 쥔 무기를 양손등이 앞으로 보이게 하고 무기의 양끝이 양 무릎아래 바깥으로 나가게 대각으로 내려 막는 기술.

쌍무기일수단식막기 : 한손에든 무기를 한번 막고 다른 한손의 무기는 막지 않는 기술.

쌍무기일수단식찌르기 : 한손에 쥔 무기를 한번 찌르고 다른 한손의 무기는 찌르지 않는 기술.

쌍무기일수단식치기 : 한손에든 무기를 한번 치고 다른 한손의 무기는 치지 않는 기술.

쌍무기좌우복식막기 : 양손에 쥔 무기를 한손 무기 막고 다른 손무기 막기.

쌍무기좌우복식찌르기 : 양손에 쥔 무기를 한손 무기 찌르기 다른 손 무기 찌르기.

쌍무기좌우복식치기 : 양손에 쥔 무기를 한손 무기 치고 다른 손 무기 치기.

쌍무기좌우혼용복식막기 : 양손에 쥔 무기를 한손 무기 막고 다른 손 무기로 다른 막기술로 막기.

쌍무기좌우혼용복식찌르기 : 양손에 쥔 무기를 한손 무기 찌르고 다른 손 무기로 다른 찌르기기술로 찌르기.

쌍무기좌우혼용복식치기 : 양손에 쥔 무기를 한손 무기 치고 다른 손 무기로 다른 치기술로

치기.

쌍무기중단교차막기 : 양손에 쥔 무기를 가슴 높이로 교차되게 하여 막는 기술.

쌍무기중단막기(AB) : 양손에 쥔 무기를 양수중단막기 처럼 무기의 양끝이 얼굴높이로 나란히 정면을 향하게 해 막는 기술. B-양손을 좌우 양옆으로 벌려 막는 기술.

쌍무기하단교차막기 : 양손에 쥔 무기를 허리 높이로 교차되게 하여 막는 기술.

쌍무기하단막기 : 양손에 쥔 무기를 양손등이 앞으로 보이게 나란히 허리높이까지 안쪽으로 대각 내려 막는 기술.

쌍무기혼용복식막기 : 양손에 쥔 무기를 동시에 한번막고 다른 막기술로 동시에 한번막는 기술로서 높낮이를 조절 해 막을 수도 있음.

쌍무기혼용복식찌르기 : 양손에 쥔 무기를 동시에 한번 찌르고 다른 찌르기기술로 동시에 한번 찌르는 기술로서 높낮이를 조절 해 찌를 수도 있음.

쌍무기혼용복식치기 : 양손에 쥔 무기를 동시에 한번치고 다른 치기술로 동시에 한번치는 기술로서 높낮이를 조절 해 칠 수도 있음.

쌍봉잡기법 : 양쪽 손에 각각 정권 쥐듯이 봉을 감싸 잡는 기술.

쌍봉형법 : 기본권법자세를 이용해 양손에 단봉 또는 중봉을 쥐고 기본권법으로 하는 기술.

쌍세쥔검 : 쌍 단, 중, 장검의 손잡이를 한손에 하나씩 세정권처럼 쥐어 잡는 기술.

쌍세쥔봉 : 쌍 단봉 및 중봉의 끝을 한손에 하나씩 세정권처럼 쥐어 잡는 기술.

아래검배찌르기 : 검끝날이 앞으로 향하게 검 손잡이를 왼편 옆구리 쪽으로 빼서 허벅지, 무릎, 발등을 향해 팔을 펴 사선으로 찌르기.

아래검세찌르기 : 허벅지, 무릎, 발등을 향해 정면으로 팔을 펴 찌르기.

아래검찌르기 : 한손 또는 양손으로 쥔 검을 허벅지, 무릎, 발등을 향해 팔을 정면으로 펴 찌르는 검찌르기기술.

아래검평찌르기 : 검끝날이 앞으로 향하게 검 손잡이를 오른편 옆구리 쪽으로 빼서 허벅지, 무릎, 발등을 향해 팔을 펴 사선으로 찌르기.

아래대각내려치기 : 한손 또는 양손으로 쥔 봉을 허벅지, 무릎, 정강이를 향해 좌우측면 위에서 사선으로 강하게 내려치는 기술. 세부용어:평대각아래내려치기, 배대각아래내려치기.

아래대각봉내려찍기 : 한손 또는 양손으로 쥔 봉끝을 허벅지, 무릎, 정강이를 향해 좌우측면 위에서 사선으로 강하게 내려찍어 치는 기술. 세부용어:평대각아래내려찍기, 배대각아래 내려찍기.

아래막기 : 허리 아래를 공격 할 때 막아 내는 기술. 아래(배꼽에서 무릎에 이르는 부위)

아래무기막기(A, B) : 단봉 또는 중봉 및 단검 또는 중검을 무릎 높이로 봉끝이 아래로 향하게 세워 막는 기술. A:손등이 앞으로 B:손바닥이 앞으로.

아래봉찌르기 : 한손 또는 양손으로 쥔 봉의 윗 끝부분을 허벅지, 무릎을 향해 팔을 정면으로 펴 찌르는 기술. 세부용어:평찌르기, 배찌르기, 세찌르기.

아래세내려베기 : 검을 머리위로 들어 올린 상태에서 상대 무릎 높이까지 강하게 수직으로 내려 베는 기술.

아래세봉찍기 : 한손 또는 양손으로 세쥔 봉끝을 허벅지, 무릎, 발등을 향해 위에서 아래로 내려찍어 치는 기술.

아래세쥔검내려베기 : 손목을 180° 회전시켜 칼끝이 위로 향하게 하여 위에서 아래로 수직 직선으로 내려 베는 기술.

아래세쥔검대각배내려베기 : 손목을 135° 회전시켜 위에서 아래 사선(좌에서 우)으로 내려 베는 기술.

아래세쥔검대각배올려베기 : 검을 쥔 손바닥을 위로 하여 아래에서 위로 사선(좌에서 우)으로 올려 베는 기술.

아래세쥔검대각평내려베기 : 손목을 135° 회전시켜 위에서 아래 사선(우에서 좌)으로 내려 베는 기술.

아래세쥔검대각평올려베기 : 검을 쥔 손등을 위로 하여 아래에서 위로 사선(우에서 좌)으로 올려 베는 기술.

아래세쥔검뒤찌르기 : 아래세쥔검을 옆구리에 붙쳐 후면으로 팔을 펴 찌르는 찌르기기술.

아래세쥔검배수평베기 : 검을 쥔 손바닥을 위로 하여 수평, 유선으로 돌려(좌에서 우) 베는 기술.

아래세쥔검배원그려베기 : 검을 쥔 손을 왼쪽 뒤에서 오른쪽 뒤까지 손바닥을 위로 하여 360° 원을 그려 유선으로 베는 기술.

아래세쥔검베기 : 검 끝이 아래로 향하게 거꾸로 잡은 검으로 직선, 사선, 유선으로 베는 베 기술.

아래세쥔검앞찌르기 : 아래세쥔검을 정면으로 팔을 펴 찌르는 찌르기기술.

아래세쥔검올려베기 : 검을 아래에서 위로 수직 직선으로 올려 베는 기술.

아래세쥔검평수평베기 : 검을 쥔 손등을 위로 하여 수평, 유선으로 돌려(우에서 좌) 베는 기술.

아래세쥔검평원그려베기 : 검을 쥔 손을 오른쪽 뒤에서 왼쪽 뒤까지 손등을 위로 하여 360° 원을 그려 유선으로 베는 기술.

아래세쥔단검 : 단검의 끝날이 아래로 하게하여 손잡이를 세정권처럼 쥐어 잡는 기술.

아래세쥔단봉 : 단봉의 끝이 아래로 하게하여 봉 상단 세정권처럼 쥐어 잡는 기술.

아래세쥔단봉 : 삼단봉의 끝이 아래로 하게하여 손잡이를 세정권처럼 쥐어 잡는 기술.

아래세쥔무기상단막기 : 단봉 또는 중봉 및 단검 또는 중검을 수팔에 밀착해 팔을 머리 위로 올려 막는 기술.

아래세쥔무기아래막기 : 단봉 또는 중봉 및 단검 또는 중검의 끝이 아래로 향하게 허리 아래 높이에 세워 막는 기술.

아래세쥔무기중단막기(A, B) : 단봉 또는 중봉 및 단검 또는 중검을 수팔에 밀착해 팔꿈치가 명치에 오게 몸통 중앙으로 넣어 막는 기술. B:몸통 밖으로 벌려 세워 막는 기술.

아래세쥔무기하단막기 : 단봉 또는 중봉 및 단검 또는 중검을 수팔에 밀착해 허리 높이에 수평으로 막는 기술.

아래세쥔장검 : 장검의 끝날이 아래로 하게하여 손잡이를 세정권처럼 쥐어 잡는 기술.

아래세쥔중검 : 중검의 끝날이 아래로 하게하여 손잡이를 세정권처럼 쥐어 잡는 기술.

아래세쥔중봉 : 중봉의 끝이 아래로 하게하여 봉 상단을 세정권처럼 쥐어 잡는 기술.

아래쌍세쥔검 : 건날의 끝이 아래로 하게 하여 쌍 단, 중, 장검의 손잡이를 한손에 하나씩 세정권처럼 쥐어 잡는 기술.

아래쌍세쥔봉 : 봉 끝이 아래로 하게 하여 쌍 단, 중봉의 위쪽 끝을 한손에 하나씩 세정권처럼 쥐어 잡는 기술.

아래양세쥔장검 : 장중검의 끝날이 아래로 하게 하여 손잡이를 양손으로 위아래 교차하여 쥐어 잡는 기술.

아래양세쥔중검 : 중검의 끝날이 아래로 하게 하여 손잡이를 양손으로 위아래 교차하여 쥐어 잡는 기술.

아래평수평베기 : 자세를 최대한 낮게 낮춘 상태에서 무릎 높이를 베는 기술.

안다리차돌리기 : 밖에서 안으로 큰 원으로 돌려 차는 기술.

앞아돌려차기 : 평선으로 몸을 돌려 전교자세로 자세를 낮추는 동시에 발을 곡선 뒤로 돌려 다리를 360° 회전시켜 뒤꿈치로 차는 기술 이때 무릎이 지면에 닿지 않도록 주의한다.

앞자쏴사격자세 : 엉덩이를 지면에 깔고 앉아 두 다리를 어깨 넓이로 벌리고 무릎을 구부려 발바닥이 지면에 닿도록 한 자세로 사격하는 기술.

앞굽서기 : 발을 앞뒤로 큰 걸음 넓이(80cm~100cm)로 벌려 앞무릎을 90°로 굽히고 몸의 중심을 4/3 앞으로 두고 뒷무릎은 곧게 펴 선 자세.

앞굽족장 : 발가락과 발바닥이 맞닿은 발바닥의 앞 쪽 부위.

앞반원 : 반원 자세를 앞발로 시작 하는 것.

앞반전 : 반전 자세를 앞발로 시작 하는 것.

앞발들어점프발차기 : 앞발을 들어 올려 도약한 후 뒷발로 차는 발차기술.

앞발목장 : 발목관절에서 정강이에 이르는 발목의 앞쪽 부위.

앞발옆차기 : 뒷발을 앞으로 교차(평전교B)하여 전진해 앞발 족도로 허리 측면수평으로 다리를 접는 동시에 무릎을 힘차게 뻗어 차는 기술.

앞서기 : 발을 앞뒤로 보통걸음 넓이(40cm~50cm)로 벌려 몸의 중심을 3/2 앞으로 두고 양 무릎을 곧게 펴 선 자세.

앞차기 : 발을 들어 접혀진 발을 동시에 직 곡선으로 뻗으면서 발의 앞 부위로 차는 기술.

약골 : 골격중 물릉 뼈 조직으로 이루어진 코뼈.쇄골뼈,치뼈,턱뼈등이 있다.

양끝쥔중봉 : 중봉의 양쪽 끝단을 양손으로 쥐어 잡는 기술.

양끝쥔삼단봉 : 삼단봉 손잡이와 끝을 양손으로 쥐어 잡는 기술.

양다리모아앞가슴대주기 : 양다리를 모아 펴고 앉자 손으로 발끝을 잡고 가슴이 무릎에 가 도록 상체를 숙여 상, 하체 근육을 유연하고 부드럽게 하는 근 신전운동 자세.

양배중쥔중봉 : 손바닥이 위로 중봉의 정중앙을 양손으로 쥐어 잡는 기술.

양세중쥔장봉 : 장봉의 중앙을 양손으로 교차하여 쥐어 잡는 기술.

양세중쥔중봉 : 중봉을 세워 정중앙을 양손으로 위아래 교차하여 쥐어 잡는 기술.

양세쥔검상단자세 : 양손으로 검의 손잡이를 잡고 검날 끝이 정면 또는 내외 대각으로 칼끝의 높이가 상대 눈높이에 위치하게 선자세로 수직 또는 대각으로 내려 밸 수 있는 자세. 무릎 반평자세, 반앞굽이자세, 반뒷굽이자세를 취함.

양세쥔검중단자세 : 양손으로 검의 손잡이를 잡고 검날 끝이 정면 또는 내외 대각으로 칼끝의 높이가 상대 허리높이에 위치하게 선자세로 수직 또는 대각으로 내려 배거나 올려 베고 수평으로 돌려 밸 수 있는 자세. 무릎반평자세, 반앞굽이자세, 반뒷굽이자세를 취함.

양세쥔검하단자세 : 양손으로 검의 손잡이를 잡고 검날 끝이 정면 또는 내외 대각으로 칼끝의 높이가 상대 무릎높이에 위치하게 선자세로 수직 또는 대각으로 올려 밸 수 있는 자세. 무릎반평자세, 반앞굽이자세, 반뒷굽이자세를 취함.

양세쥔장검 : 장중검의 끝날이 위로 하게하여 손잡이를 양손으로 위아래 교차하여 쥐어 잡는 기술.

양세쥔장봉 : 봉의 끝을 양손으로 교차하여 쥐어 잡는 기술.

양세쥔중검 : 중검의 끝날이 위로 하게하여 손잡이를 양손으로 위아래 교차하여 쥐어 잡는 기술.

양세쥔중봉 : 중봉의 끝이 위로 하게하여 봉 하단을 양손으로 위아래 교차하여 쥐어 잡는 기술.

양손내려올려허리돌려주기 : 양 손팔을 내렸다가 원형으로 들어 올려 다시 내리는 동작으로 상, 하체의 근육과 관절을 유연하고 부드럽게 하는 근 신전운동 자세.

양수(교차)막고차기 : 양손(팔)으로 동시에 막고 발차기를 차는 기술.

양수(교차)막고치기 : 양손(팔)으로 동시에 막고 양수로 동시에 치는 기술.

양수교차막기자세 : 양손(팔)을 ×자로 교차하여 공격을 막거나 쳐 내는 기술의 자세. 기본자세는 양손을 배정권자세로 옆구리에 붙이고 무릎반평서기에서 양수로 상단교차막기, 중단교차막기, 하단교차막기 기술을 수련함.

양수교차상단막기(A, B) : 양손을 정권을 쥐고 손바닥이 앞으로 향하게 머리위로 양팔을 ×자로 교차하여 공격을 막거나 쳐냄. B형은 양 손바닥이 앞으로 향하게 손가락을 모아 펴 공격을 막거나 쳐냄.

양수교차중단막기(A, B) : 양손을 정권을 쥐고 손바닥이 앞으로 향하게 가슴 앞에 양팔을 ×자로 교차하여 공격을 막거나 쳐냄. B형은 양 손바닥이 앞으로 향하게 손가락을 모아 펴 공격을 막거나 쳐냄.

양수교차하단막기(A, B) : 양손을 정권을 쥐고 손등이 앞으로 향하게 하단전 앞에 양팔을 ×자로 교차하여 몸통 공격을 막거나 쳐냄. B형은 양 손바닥이 아래로 향하게 손가락을 모아 펴 공격을 막거나 쳐냄.

양수낙법 : 두 손과 팔을 이용한 기술.

양수단식치기자세 : 정권 및 수도 치기를 동시한 한번 치기로 수련하는 기술을 말함.

양수막기자세 : 양손(팔)으로 공격을 막거나 쳐 내는 기술의 자세. 기본자세는 양손을 배정권자세로 옆구리에 붙이고 무릎반평서기에서 양수로 상단막기, 중단막기, 하단막기, 아래막기 기술을 수련함.

양수무기견제자세 : 한손에 각각 무기를 쥐거나 양손으로 무기를 쥐고 견제하여 상대편이 자유롭게 공격이나 행동을 하지 못하게 하는 작용을 하는 자세. 전후좌우방향과 상중하 높낮이로 견제하며 공방 발(다리) 서기자세를 혼용하여 기본, 혼용, 응용 견제자세를 취하는 기술.

양수무기막기법 : 양손으로 중봉의 양끝 장봉의 중간을 잡거나 중검 또는 장검의 양끝을 잡거나 받쳐 공격의 방향과 높낮이에 맞춰 막아 내는 기술.

앙수법 : 두 필과 두 손을 이용하는 기술

양수검잡기법 : 검 손잡이를 양손을 위 아래로 교차하여 정권 쥐듯이 하여 감싸 잡는 기술로서

이때 쥔 양손의 엄지를 검지위로 올려 견고히 함.

양수봉잡기법 : 양손을 위 아래로 교차하여 정권 쥐듯이 하여 봉을 감싸 잡는 기술로서 이때 엄지를 검지위로 올려 견고히 함. 봉 한쪽 끝부분을 잡는 법, 봉 양끝을 잡는 법, 장봉의 경우 한쪽 끝 부분과 3/1 또는 2/1 부분을 잡는 법.

양수상단막기(A, B) : 양손을 정권을 쥐고 손바닥이 위로 향하게 양팔을 머리위로 나란히 올려 공격을 막거나 쳐냄. B형은 머리 위로 올려 막는 양팔의 양손목을 틀어 손을 곧게 모아 펴 양손끝이 위로 향하게 세워 막음.

양수상단무기막기 : 양손으로 중봉의 양끝 장봉의 중간을 잡거나 중검 또는 장검의 양끝을 잡거나 받쳐 머리 위로 올려 막는 기술.

양수세워무기막기 : 양손으로 중봉의 양끝 장봉의 중간을 잡거나 중검 또는 장검의 양끝을 잡거나 받쳐 한손은 눈높이 한손은 허리높이로 해 세워 막는 기술.

양수아래막기 : 양손을 삼각수도자세로 하고 손바닥이 아래로 향하게 양팔을 낭심(사타구니) 아래 까지 내려 공격을 막거나 쳐냄.

양수족뒤로돌기 : 두 발로 점프하면서 두 팔을 어깨 넓이로 펴 허리를 활처럼 뒤로 젖혀 뒤로 돌아 두 손을 지면에 집고 이어 두발을 지면에 착지하여 서는 기술.

양수족앞돌기(덤블링) : 두 팔을 정면으로 어깨넓이로 벌려 펴 두 손을 지면에 짚고 한발 한발 정면으로 차 앞으로 돌아 두발로 착지하여 앞으로 돌아 서는 기술.

양수족앞반뒤로돌기 : 양수족옆돌기처럼 돌다 두 발을 공중에서 모아 몸을 한쪽으로 틀어 본래 시작 지점을 바라보게 두 발을 모은 상태로 착지하여 서는 기술.

양수족옆돌기 : 몸의 측면으로 풍차가 돌듯 두 팔을 벌려 두 손을 지면을 짚고 두 발을 벌려 옆으로 돌아 서는 기술.

양수족후방낙선법(양수족법) : 높은 곳에서 착지 하여 일어서는 기술로 두 손을 지면에 짚고 물구나무선 채 양팔, 목, 어깨, 등, 엉덩이, 발 순으로 굴러 착지하여 일서는 기술.

양수중단막기(A, B) : 양 팔이 몸통 안쪽 중앙에 나란히 올 수 있게 하고 양손목을 앞으로 틀어 배정권자세로 수평으로 돌려 막거나 쳐냄. B형은 막는 양팔을 몸통 바깥쪽 옆으로 돌려 공격을 막거나 쳐냄. 이때 양 손목을 틀어 정권의 손바닥이 바깥쪽으로 향하게 하는 자세가 되도록 함.

양수중단무기막기 : 양손으로 중봉의 양끝 장봉의 중간을 잡거나 중검 또는 장검의 양끝을 잡거나 받쳐 몸통(가슴) 높이로 올려 막는 기술.

양수하단막기 : 양손을 정권을 쥐고 손등이 앞으로 향하게 양팔을 허리(배꼽)까지 내려 공격을 막거나 쳐내냄

양수하단무기막기 : 양손으로 중봉의 양끝 장봉의 중간을 잡거나 중검 또는 장검의 양끝을 잡거나 받쳐 허리 높이로 막는 기술.

양수혼용막기 : 상중하, 측면 등 다양한 각도에서 공격 받을 때 일수막기를 혼용하여 동시에 두손으로 막아내는 기술.

양수혼용치기자세 : 상중하 방향으로 정권 및 수도, 도는 정권과 수도를 동시에 치는 기술. 예-상단배수도 중단평정권 치기.

양수후방낙선법(양수법) : 뒤로 넘어 질 때 몸을 숙이고 두 손을 머리 위로 올려 지면에 짚고

두발을 올리는 반동을 이용해 두 팔을 힘껏 밀어 몸을 들어 올려 물구나무선 상태에서 두발이 앞으로 착지여 일어서는 기술.

양족법 : 두 발을 이용하는 기술

양족전방낙선법(양족법) : 앞으로 넘어질 때 몸을 앞으로 굴러 두발 무릎을 구부려 일어서는 법. 편양족법–두발의 무릎을 펴 일어서는 기술.

양족후방낙선법(양족법) : 뒤로 넘어질 때 몸을 숙여 뒤로 굴러 두발 무릎을 구부려 일어서는 낙선법. 편양족법–두발의 무릎을 펴 뒤로 일어서는 기술.

양중쥔중봉 : 중봉의 정중앙을 양손으로 쥐어 잡는 기술.

양평중쥔중봉 : 손등이 위로 중봉의 정중앙을 양손으로 쥐어 잡는 기술.

어깨매어 : 권총집을 어깨에 걸쳐 매는 기술.

엎드려쏴사격자세 : 앞으로 엎드려 사격하는 기술.

역선법 : 회전력과 탄력을 이용해 신체 부위가 지면에 고르게 닿지 않게 일어나는 기술.

역세정권치기 : 세정권자세를 180°돌리며 뻗어 치는 기술.

역세팔굽장치기 : 허리를 앞으로 90° 굽혀 팔굽장을 올려 치는 기술.

역세팔장치기 : 팔꿈치를 위로 하여 팔장으로 내려치는 기술.

연결기본해제술 : 기본해제술 13수를 3수, 5수, 13수 연속으로 연결해 해제하는 해제술.
　　예 : 1번 ~ 3번까지, 4번 ~ 9번까지, 1번 ~ 13번까지

연결기본호신술 : 기본호신술 15수를 3수, 5수, 10수, 15수 연속으로 연결해 술기를 걸고 제압하고 다시 술기를 걸어 제압하는 호신술. 예 : 1번 ~ 3번까지, 4번 ~ 9번까지, 1번 ~ 15번까지

연결막고차기 : 막고차는 동작으로 자유롭게 연속에서 연결하여 막고차기를 수련함.

연결막고치기 : 막고치는 동작으로 자유롭게 연속에서 연결하여 막고치기를 수련함.

연결막기자세 : A, B형 기본수팔막기를 처음부터 마지막 순서 까지 모두 연결하여 막기를 수련하는 기술을 말함. 이때 일수 막기는 좌우 복식으로 하고 나머지는 단식으로 연결함.

연결방어법 : 다수의 인원이 손을 붙잡거나 서로 수팔을 연결시켜 방어하는 것으로 일렬종대로 대형을 갖추거나 중첩종대로 대형을 갖추는 기술.

연결사격술 : 각 사격자세와 사격술을 결합하여 연속으로 연결해 방어사격과 대응사격을 훈련하는 사격훈련술.

연결전환선법 : 기본전환선법과 혼용전환선법을 연속으로 연결하여 전후좌우 자유로이 위치 이동과 방향을 전환 하는 수련법.

연결치기자세 : A, B형 정권 및 수도치기를 처음부터 마지막 순서 까지 모두 연결

연속보디플스아웃기법 : 실제 상대의 저항에 다양한 보디플스아웃 기술을 연속하여 구사하는 기술.

영점 : 조준지점과 탄착지점이 일치 하도록 가늠자를 조절하여 유지 하는 기술.

옆차기 : 족도로 허리 측면수평으로 다리를 접는 동시에 무릎을 힘차게 뻗어 차는 기술.

예비사격술 : 탄이 없는 총으로 조준과 격발을 연습하는 기술.

예의 : 사람이 지켜야 할 예절과 의리, 존경의 뜻을 표하기 위하여 예로써 나타내는 말투나 몸가짐.

오대매어 : 권총집을 허리에 걸쳐 매는 기술.

오뚜기식후방낙선법 : 뒤로 누웠다가 다시 앞으로 일어서기를 반복하는 것. 신체 균형감각,
　　　유연성, 순발력, 근력증강 효과.

오지모관수도치기 : 오지를 손끝을 한곳에 모은 자세로 치(찌른)는 기술.

오지편관수도치기 : 세수장자세에서 오지를 반 오므려 관수에 힘을 주어치는 기술

외기술해제술 : 기본해제술 외의 해제술. 자신이 서 있거나 앉자 있거나 누워 있거나 엎어져
　　　있을 때 모두 실전 적용.

외기술호신술 : 기본호신술 외의 막기, 잡기, 치기, 긋기, 꺾기, 누르기, 조르기, 비특기, 던지기,
　　　제끼기, 차기, 찍기, 찌르기, 베기, 등의 수족 또는 무기 이용호신 기술. 상대가 다수 이
　　　거나 서 있거나 앉자 있거나 누워 있거나 엎어져 있을 때 모두 실전 적용기술.

외손목굽(장)치기 : 굽은 걸어 당기거나 밀어제끼고 장은 치는 기술로 직선 사선 곡선으로
　　　상하좌우대각으로 치는 기술.

외손목장 : 손등 방향으로 손목부터 5cm가량 부위 .

외팔장 : 이두정 외(손바닥이 위로 향할 때 바깥쪽)부위

외팔장치기 : 세정권 자세에서 안에서 밖으로 직선 또는 곡선 수평으로 치는 기술.

원거리무기소지자진압 : 주의집중 분산 기법 이용.

원복 : 무술원에서 입는 단체복(유니폼)

원복예의 : 수련자가 갖추는 원복을 항상 단정히 하고 특히, 수련원복을 무술원이나 원 밖에서
　　　착용하고 생활 할 때에는 더더욱 복장을 단정히 하고 행동거지를 항시 바르게 하며 언어의
　　　구사 구용에 있어서도 경호무술인의 품위와 명예를 지킬 수 있도록 한다. 또한, 원복을
　　　개고, 보관 할 때에도 단정하고 소중히 하여야 함.

위력 : 내공을 길러 외부로 분출 시키는 강한 힘.

유도낙호법 : 위해기도자의 공격 시 경호대상을 잡아당기거나 돌려 낙법 또는 낙선법을 유도
　　　하여 1차적 위험으로부터 안전을 확보 하는 기술.

유연성증대 : 신체의 관절과 근육이 딱딱하지 않고 부드러워지는 성질을 늘리거나 키우는 기술.

육탄방어법 : 투척, 저격, 폭발 등의 위험으로부터 개인 또는 팀을 이뤄 자신의 몸을 방패로
　　　삼아 공격을 방어해 경호대상의 신체 및 생명을 지켜내는 것으로 가능한 경호대상의 전
　　　신을 육탄 방어하는 것을 원칙으로 하되 혼자서 육탄방어를 해야 하는 상황이라면 머리와
　　　상반신을 완벽히 감싸 생명에 지장이 없도록 하는 기술.

응용권법 : 기본권법 9가지를 실전에 맞도록 변형하는 기술

응용기본해제술 : 기본해제술 13수를 실전에 맞도록 변형한 기술

응용기본호신술 : 기본호신술 15수를 변형한 기술.

응용낙선법 : 수족을 이용해 위치를 이동하여 상대의 공격을 피하거나 장애물을 뛰어 넘는
　　　기술.

응용단계 : 기본원리가 되는 기법과 혼용기술을 실전에 맞도록 수련하는 기술.

응용단식발차기 : 스스로 착안해서 구현하는 외기술 발차기로서 높낮이와 방향 또는 자세를
　　　달리 하여 차는 단식 발차기.

응용복식발차기 : 스스로 착안해서 구현하는 외기술 발차기로서 높낮이와 방향 또는 자세를

달리 하여 차는 기술.

응용하단발차기 : 스스로 착안해서 구현하는 외기술 발차기로서 높낮이와 방향 또는 자세를 달리 하여 차는 하단 발차기.

응용호위낙선법 : 일정한 자세나 각도 없이 자연스럽고 신속하게 기본호위낙선법을 응용하여 취하는 기술.

응용혼용낙법 : 최초 낙법을 시도 하다 착지지점에 위험이 있을 경우 순간 최초낙법동작의 자세를 바꿔 다른 낙법으로 착지 하는 기술.

의탁사격술 : 은폐 및 엄폐물에 신체를 기대며 사격하는 기술.

의탁쏴사격자세 : 벽면 또는 은폐 및 엄폐물에 신체를 기대어 사격하는 기술.

이동사격술 : 전후좌우측면으로 이동하며 상대가 정조준 사격을 하는 것이 어렵게 하며 신속히 이동하면서 사격 하는 사격기술.

이마 : 머리의 앞 부위.

이방권법 : 전후, 전측, 좌우, 측후, 후측 등 두 방향으로 권법을 하는 기술.

이방복식결합사방발차기 : 한발로 이방복식차기를 하고 연이어 다른 발로 이방복식차기를 하는 발차기. 이 발차기는 좌우족으로만 참.

이방복식발차기법 : 서로 다른 두 방향으로 연속으로 차는 발차기술로서 한발을 이용하는 방법과 양발을 이용하는 방법으로 구분된 기술.

이방응용복식발차기 : 스스로 착안해서 구현하는 외기술 발차기로서 높낮이와 방향 또는 자세를 달리 하여 차는 기술.

이방전측(측전)복식발차기 : 한발로 하단, 단식 발차기를 전방을 차고 연이어 측방을 차는 발차기. 측전으로 방향을 정 하여 차는 기술.

이방전측(측전)좌우족복식발차기 : 양발로 하단, 단식 발차기를 전방을 차고 연이어 다른 발로 측방을 차는 발차기. 측전으로 방향을 정하여 차는 기술.

이방전측좌우족혼용복식발차기 : 양발로 하단, 단식 발차기의 순서를 혼용하거나 하상(상하)단으로 결합 혼용하여 전방을 차고 연이어 다른 발로 측방을 차는 발차기. 측전으로 방향을 정하여 차는 기술.

이방전측혼용복식발차기 : 한발로 하단, 단식 발차기의 순서를 혼용하거나 하상(상하)단으로 결합 혼용하여 전방을 차고 연이어 측방을 차는 발차기. 측전으로 방향을 정 하여 차는 기술.

이방전후(후전)복식발차기 : 한발로 하단, 단식 발차기를 전방을 차고 연이어 후방을 차는 발차기. 후전으로 방향을 정 하여 차는 기술.

이방전후(후전)좌우족복식발차기 : 양발로 하단, 단식 발차기를 전방을 차고 연이어 다른 발로 후방을 차는 발차기. 후전으로 방향을 정하여 차는 기술.

이방전후좌우족혼용복식발차기 : 양발로 하단, 단식 발차기의 순서를 혼용하거나 하상(상하)단으로 결합 혼용하여 전방을 차고 연이어 다른 발로 후방을 차는 발차기. 후전으로 방향을 정하여 차는 기술.

이방전후혼용복식발차기 : 한발로 하단, 단식 발차기의 순서를 혼용하거나 하상단으로 결합 혼용하여 전방을 차고 연이어 후방을 차는 발차기. 후전으로 방향을 정 하여 차는 기술.

이방좌우(우좌)측복식발차기 : 한발로 하단, 단식 발차기를 좌측을 차고 연이어 우측을 차는 발차기. 우측먼저 연이어 좌측으로 방향을 정하여 차는 기술.

이방좌우측좌우족복식발차기 : 양발로 하단, 단식 발차기를 좌측을 차고 연이어 다른 발로 우측를 차는 발차기. 우측먼저 연이어 좌측으로 방향을 정하여 차는 기술.

이방좌우측좌우족혼용복식발차기 : 양발로 하단, 단식 발차기의 순서를 혼용하거나 하상(상하)단으로 결합 혼용하여 좌측을 차고 연이어 다른 발로 우측을 차는 발차기. 우측먼저 연이어 좌측으로 방향을 정하여 차는 기술.

이방좌우측혼용복식발차기 : 한발로 하단, 단식 발차기의 순서를 혼용하거나 하상단으로 결합 혼용하여 좌측을 차고 연이어 우측을 차는 발차기. 우측먼저 연이어 좌측으로 방향을 정하여 차는 기술.

이방측후(후측)복식발차기 : 한발로 하단, 단식 발차기를 측방을 차고 연이어 후방을 차는 발차기. 후측으로 방향을 정하여 차는 기술.

이방측후(후측)좌우족복식발차기 : 양발로 하단, 단식 발차기를 측방을 차고 연이어 다른 발로 후방을 차는 발차기. 후측으로 방향을 정하여 차는 기술.

이방측후좌우족혼용복식발차기 : 양발로 하단, 단식 발차기의 순서를 혼용하거나 하상(상하)단으로 결합 혼용하여 측방을 차고 연이어 다른 발로 후방을 차는 발차기. 후측으로 방향을 정하여 차는 기술.

이방측후혼용복식발차기 : 한발로 하단, 단식 발차기의 순서를 혼용하거나 하상단으로 결합 혼용하여 측방을 차고 연이어 후방을 차는 발차기. 후측으로 방향을 정하여 차는 기술.

이방혼용복식결합사방발차기 : 한발로 이방 혼용복식차기를 하고 연이어 다른 발로 이방 혼용복식차기를 하는 발차기. 이 발차기는 좌우족으로만 참.

이지모관수도치기 : 인지, 중지를 모아 곧게 편 자세로 치(찌른)는 기술.

이지반중정권치기 : 두 손가락을 반정권으로 쥔 자세로 치는 기술.

이지편관수도치기 : 인지와 중지를 V자 형태로 곧게 편 자세로 치(찌른)는 기술.

인사예의 : 수련자가 스승, 선배, 수련생간 예를 갖추어 나누는 인사예절로 존경, 존중의 마음을 목례법과 수련인사법으로 표함.

인성발달 : 지, 덕, 체 교육이념으로 재주와 덕을 갖춘 어진 사람으로 성장하거나 성숙해 지도록 하는 것.

인지관수도치기 : 인지를 곧게 편 자세로 치(찌른)는 기술.

인지정권치기 : 인지 중관절 부위를 세워 감아준 자세로 치는 기술.

일대다수대련 : 2인, 3인, 4인 등 다수의 상대와 맞서 겨루는 대련 기술.

일대다수호위대련 : 경호대상을 공격하는 공격자 2인, 3인, 4인 등 다수의 상대와 맞서 겨루는 호위대련 기술.

일대일대련법 : 상대와 일 대 일로 맞서 겨루는 기술.

일대일호위대련 : 경호대상을 공격하는 공격자 1인과 맞서 겨루는 호위대련 기술.

일수검잡기법 : 검 손잡이를 정권을 쥐듯이 하여 감싸 잡는 기술로서 이때 엄지를 검지위로 올려 견고히 함.

일수낙법 : 한 손과 팔을 이용한 낙법으로 한 팔의 부상 또는 상대의 술기에 걸려 낙법을 해야

할 때 잡히지 아니한 한팔을 이용하는 기술.

일수막고차기 : 한손(팔)으로 막고 발차기를 차는 기술.

일수막고치기 : 한손(팔)으로 막고 막은 일수로 치는 기술.

일수막기자세 : 한손(팔)으로 공격을 막거나 쳐 내는 기술의 자세. 기본자세는 양손을 배정권자세로 옆구리에 붙이고 무릎반평서기에서 기본자세로서는 상단막기, 중단막기, 하단막기, 아래막기가 있음.

일수무기견제자세 : 한손에 무기를 쥐고 견제하여 상대편이 자유롭게 공격이나 행동을 하지 못하게 하는 작용을 하는 기술. 전후좌우방향과 상중하 높낮이로 견제하며 공방 발(다리)서기자세를 혼용하여 기본, 혼용, 응용 견제자세를 취하는 기술.

일수무기막기법 : 한손에 쥔 단봉 및 단검, 중봉(삼단봉) 및 중검을 공격의 방향과 높낮이에 맞춰 막아 내는 기술.

일수법 : 한 팔과 손만을 이용하는 기술

일수봉잡기법 : 정권을 쥐듯이 하여 봉을 감싸 잡는 기술로서 이때 엄지를 검지위로 올려 견고히 함.

일수상단막기(A, B) : 한손을 정권을 쥐고 손바닥이 위로 향하게 팔을 머리위로 올려 공격을 막거나 쳐내고 다른 한손은 배정권자세로 허리에 둠. B형은 머리 위로 올려 막는 팔의 손목을 틀어 손을 곧게 모아 펴 손끝이 위로 향하게 세워 막음.

일수아래막기 : 한손은 삼각수도자세로 하고 손바닥이 아래로 향하게 팔을 낭심(사타구니)아래까지 내려 공격을 막거나 쳐내고 다른 한손은 배정권자세로 허리에 둠.

일수족뒤로돌기 : 두 발로 점프하면서 두 팔을 어깨 넓이로 펴 허리를 활처럼 뒤로 젖혀 뒤로 돌아 한 손을 지면에 짚고 이어 두발을 지면에 착지하여 서는 기술.

일수족앞돌기 : 한 팔을 정면으로 펴 손을 지면에 짚고 한발 한발 정면으로 차 앞으로 돌아 두발로 착지하여 앞으로 돌아 서는 기술.

일수족앞반뒤로돌기 : 일수족옆돌기처럼 돌다 두 발을 공중에서 모아 몸을 한쪽으로 틀어 본래 시작 지점을 바라보게 두 발을 모은 상태로 착지하여 서는 기술.

일수족옆돌기 : 몸의 측면으로 풍차가 돌듯 한 팔을 펴 손으로 지면을 짚고 두 발을 벌려 옆으로 돌아 서는 기술.

일수중단막기(A, B) : 한 팔이 몸통 안쪽 중앙에 올 수 있게 하고 손목을 앞으로 틀어 배정권자세로 수평으로 돌려 막거나 쳐내고 다른 한손은 배정권자세로 허리에 둠. B형은 막는 팔을 몸통 바깥쪽 옆으로 돌려 공격을 막거나 쳐냄. 이때 정권은 손목을 틀어 손바닥이 바깥쪽으로 향하게 하는 자세가 되도록 함.

일수하단막기 : 한손은 정권을 쥐고 손등이 앞으로 향하게 팔을 허리(배꼽)까지 내려 공격을 막거나 쳐내고 다른 한손은 배정권자세로 허리에 둠.

일족법 : 한 발을 이용하는 기술

자동화단계 : 흥미와 자신감이 분출되는 과정.

자유연결권무형법 : 다수의 적과 대치한 가상의 상황을 만들어 전후좌우방향과 전환선법을 이용한 권법, 수족법, 무기형법을 연결하여 연속으로 하는 기술로 5연속, 10연속, 20언속 단계적으로 권무형법을 함.

자유연결권법 : 다수의 적과 대치한 가상의 상황을 만들어 전후좌우방향과 전환선법을 이용한 권법을 연결하여 연속으로 하는 기술로 5연속, 10연속, 20연속 단계적으로 권법을 함.

자유연결무기형법 : 기본권법자세를 이용해 다수의 적과 대치한 가상의 상황을 만들어 전후 좌우방향과 전환선법을 이용한 무기형법을 연결하여 연속으로 하는 기술로 5연속, 10연속, 20연속 단계적으로 무기형법을 함.]

자유연결발차기 : 다수의 적과 대치한 가상의 상황을 만들어 단식, 복식 발차기 및 전후좌우 방향과 전환선법을 이용한 발차기를 결합 혼용하여 자유롭게 연결하여 차는 발차기술로 5연속, 10연속, 20연속 단계적으로 함.

자유연결수족형법 : 다수의 적과 대치한 가상의 상황을 만들어 전후좌우방향과 전환선법을 이용한 수족형법을 연결하여 연속으로 하는 기술로 5연속, 10연속, 20연속 단계적으로 수족형법을 함.

잡기법 : 상대의 공격을 저지 하거나 상대의 공격으로부터 호신술 기술을 구사하기 위해 상대의 수팔, 목, 몸통 그리고 각 급소를 손으로 잡는 기술.

장검 : 90cm 이상의 검.

장검올려우상단막기(A, B) : 양손으로 쥔 장검을 머리 위로 올려 검끝이 우측 대각 위로 향하게 막는 기술. B:검끝이 우측 대각 아래로 향하게 막는 기술.

장검올려우측막기 : 양손으로 쥔 장검을 머리 위로 올리고 검등을 오른팔 상왕근(삼두근,이두근사이 외측)부위에 붙여 검끝이 아래쪽으로 향하게 수직으로 세워 얼굴, 몸통을 막는 기술.

장검올려좌상단막기(A, B) : 양손으로 쥔 장검을 머리 위로 올려 검끝이 좌측 대각 위로 향하게 막는 기술. B:검끝이 좌측 대각 아래로 향하게 막는 기술.

장검올려좌측막기 : 양손으로 쥔 장검을 머리 위로 올리고 검등을 왼팔 상왕근(삼두근, 이두근사이 외측)부위에 붙여 검끝이 아래쪽으로 향하게 수직으로 세워 얼굴, 몸통을 막는 기술.

장검우중단막기 : 양손을 오른쪽 허리 높이로 들어 검끝이 위로 향하게 사선으로 세워 막는 기술.

장검좌중단막기 : 양손을 왼쪽 허리 높이로 올려 검끝이 위로 향하게 사선으로 세워 막는 기술.

장검하단막기 : 양손으로 쥔 장검을 허리 높이로 들어 검끝이 아래로 향하게 사선으로 세워 막는 기술.

장검형법 : 기본권법자세를 이용해 장검을 한손 또는 양손으로 쥐고 기본권법으로 하는 기술.

장봉 : 160cm 내외의 긴 봉.

장봉상단막기 : 한손으로 봉끝을 잡고 다른 손으로 3/1위치에 잡아 봉 끝이 상대 눈높이로 오게 중앙 오른쪽 왼쪽으로 막는 기술.

장봉중단막기 : 한손으로 봉끝을 잡고 다른 손으로 3/1위치에 잡아 봉 끝이 허리높이로 오게 중앙 오른쪽 왼쪽으로 막는 기술.

장봉하단막기 : 한손으로 봉끝을 잡고 다른 손으로 3/1위치에 잡아 봉 끝이 상대 무릎높이로 오게 중앙 오른쪽 왼쪽으로 막는 기술.

장봉형법 : 기본권법자세를 이용해 장봉을 한손 또는 양손으로 쥐고 기본권법으로 하는 기술.

장애물낙선법 : 장애물을 설치해 낙선법을 통해 뛰어넘어 안전하게 착지하고 일어서는 낙선법 기술을 익히는 훈련기술.

저지방어법 : 경호실무에서 출입이 금지된 구역 또는 제한된 구역을 무단을 출입하려 하는 자 또는 경호대상을 잡거나 위협하려 접근하는 자의 접근을 저지하고 필요시 퇴거조치 시키는 기법. 저지 및 퇴거조치 시 상대에게 상해를 입히지 않고 효과적으로 할 수 있는 장점이 기술.

전낙선법 : 회전측방낙법 자세로 굴러 착지 할 때 왼쪽 측면으로 몸을 틀어 왼 무릎을 90°로 구부려 측면이 지면에 닿도록 하고 오른 발을 구부려 외발 앞에 十(열십)자 모양으로 딛어(오뚜기식후방낙선법 자세) 일어서는 낙선법. 굴러 일어난다 하여 구를 전(轉)자를 씀.

전방 : 평전과 같이 발의 이동은 같으나 평전과 달리 발이 한발 한발 따로 전진이동 하는 것이 아니라 두발이 동시에 최초 보폭 크기만큼 앞으로 전진 이동하여 서는 자세. 두발 전진 이동시 몸의 중심을 앞으로 하여 마치 뛰는 듯 하게 두발을 이동 함.

전방(혼용)전진발차기 : 전방(평전)스텝으로 앞으로 나아가며 한발로 연속해서 차는 발차기.

전방권법 : 상대와 이격 거리가 먼 경우 전방(평전)스텝으로 간격을 좁혀 치는 권법기술.

전방낙법 : 몸의 균형이 앞으로 기울어져 넘어지는 경우 두팔과 허리, 다리의 완충작용을 이용해 충격을 완화 시켜 지면에 착지 하는 기술.

전방낙선법 : 앞으로 굴러서는 낙선법 기술.

전방낙선측법 : 회전측방낙법의 낙하 속도를 이용해 바로 일어서는 기술.

전방낙호법 : 경호대상의 신체를 감싸거나 붙잡아 앞으로 굴려 지면에 착지 할 수 있도록 하는 기술.

전방무성낙법 : 두팔을 어깨 넓이로 벌려 수직으로 펴 손바닥이 지면에 닿으면 몸을 활처럼 곡선을 유지하여 마치 팔굽혀펴기 하듯 팔을 굽혀 앞가슴부터 몸통, 골반, 다리, 발 순으로 지면에 붙어 착지 하여 충격을 흡수하는 기술.

전방선법 : 앞으로 일어나는 서기 기술.

전방선호법 : 경호대상을 앞에서 끌어당기거나 들어 올려 당겨 세우는 선호법.

전방수선법 : 엎드린 상태에서 두 손으로 지면을 짚고 밀어 두 팔의 힘으로 상체를 세운다음 똑바로 일어서는 기술.

전방양족선법 : 누운 상태에서 구름동작으로 두 발의 발바닥을 지면에 대고 일어서는 기술.

전방유도낙호법 : 경호대상을 앞으로 굴려 지면에 착지 할 수 있도록 유도하거나 경호대상의 신체 앞부분으로 지면에 착지 할 수 있도록 하는 유도법 기술.

전방일족선법 : 누운 상태에서 구름동작으로 한 발의 발바닥을 지면에 대고 일어서는 기술.

전방전진연결권법 : 앞으로 나가며 권법을 혼용하여 연속해서 하는 권법기술.

전방전진연결무기형법 : 기본권법자세를 이용해 앞으로 나가며 무기형법을 혼용하여 연속해서 하는 무기형법기술.

전방전진연결발차기 : 앞으로 나아가며 양발로 하단, 단식, 복식 발차기를 혼용하여 연속서 차는 발차기.

전방전진연결수족형법 : 앞으로 나가며 수족법을 혼용하여 연속해서 하는 수족형법기술.

전방호위낙선법 : 경호대상과 함께 앞으로 구르거나 착지하여 일어서는 기술.

전진권법 : 앞으로 같은 기본권법을 연속적으로 취하는 기술.

전진혼용권법 : 앞으로 다른 기본권법을 연속 2회 하는 기술.

전측권법 : 앞과 옆으로 같은 권법을 좌우로 바꿔 하는 기술.

전측혼용권법 : 앞과 옆으로 서로 다른 권법을 좌우로 바꿔 하는 기술.

전환 : 최초 바라보고 있던 자세가 좌우측 또는 뒤쪽으로 방향이 바뀐 상태.

전환단전호흡법 : 양팔을 들어 올려 바람과 물결처럼 부드럽게 춤사위와 같이 전환법을 하면서 앞뒤로 움직이며 호흡을 들이 마시고 내 뱉는 방법으로 심호흡을 몸동작과 일치시켜 심신을 집중 시키고 안정되게 하는 기술.

전환법 : 바꿔전환 한 후 최초의 위치로 다시 바꿔전환하여 돌아와 본래의 선자세를 갖춰서는 자세.

전환선법 : 발의 움직임 즉, 스텝을 말함. 전후좌우 방향과 직선, 사선, 곡선으로 발을 내딛어 방향과 위치이동을 자유롭게 할 수 있도록 일정하게 체계화된 보법으로 12가지의 기본 원리와 기초로 60가지의 공방보법으로 이루어짐.

전환선법검베기 : 전환선법을 혼용하여 검 베기 기술을 수련함.

전환선법권법 : 전환선법을 통한 방향전환과 위치이동 후 이루어지는 권법.

전환선법기초자세 : 전환선법을 사용하여 기초자세를 수련함.

전환선법막고차기 : 전환선법을 혼용하여 막고차기를 수련함.

전환선법막고치기 : 전환선법을 혼용하여 막고치기를 수련함.

전환선법막기 : 전환선법을 혼용하여 막기자세를 수련함.

전환선법무기막기 : 전환선법을 혼용하여 무기 막기자세를 수련함.

전환선법무기찌르기 : 전환선법을 혼용하여 무기 찌르기 기술을 수련함.

전환선법무기찍기 : 전환선법을 혼용하여 무기 찍기 기술을 수련함.

전환선법무기치기 : 전환선법을 혼용하여 무기 치기 기술을 수련함.

전환선법무기형법 : 전환선법을 통한 방향전환과 위치이동 후 이루어지는 무기형법.

전환선법발차기 : 전환선법을 결합한 발차기술.

전환선법복식발차기 : 전환선법을 결합한 복식발차기술.

전환선법사격술 : 순식간의 방향전환과 위치이동을 통해 다방향의 적에게 방어사격과 대응사격을 할 수 있는 사격기술.

전환선법수련단계 : 전환선법 수련체계를 유급 또는 유단 수련자의 수련기간 및 수준에 따라 지도하고 익히는 과정.

전환선법수련자세 : 전환선법을 수련하기 위해서 공방서기자세를 준비 자세로 하여 수련함. 손(팔) 견제 자세는 상황에 따라 자유롭게 할 수 있음.12가지원리를 기본으로 혼용 응용 하여 수련할 수 있으며 무한하게 할 수도 있다. 다른 기본체계에 적용 수련할 수 있다.

전환선법수족법 : 전환선법을 통한 방향전환과 위치이동 후 이루어지는 수족법.

전환선법연결발차기 : 전환선법을 결합하여 하단, 단식 발차기를 순서대로 모두 연결하여 차는 발차기.

전환선법응용수련단계 : 경호무술 유급 또는 유단 수련자의 수련기간 및 수준에 따라 각 기술체계에 전환선법을 사용하여 지도하고 익히는 과정.

전환선법체계 : 발을 움직이는 어떤 형식으로 직선, 사선, 곡선 등으로 몸의 위치이동을 하거나 방향전환을 하는 원리를 체계화한 기술.

전환선법치기 : 전환선법을 혼용하여 치기자세를 수련함.

전환선법호위권무형법 : 전환선법을 사용하여 호위권무형법을 수준별로 수련 하는 기술.

전환선법호위낙선법 : 전환선법을 사용하여 호위낙선법을 수준별로 수련 하는 기술.

전환선법호위대련법 : 전환선법을 사용하여 호위대련법을 수준별로 수련 하는 기술.

전환선법호위발차기법 : 전환선법을 사용하여 호위발차기법을 수준별로 수련 하는 기술.

전환선법호위사격술법 : 전환선법을 사용하여 호위사격술법을 수준별로 수련 하는 기술.

전환선법호위호신술법 : 전환선법을 사용하여 호위호신술법을 수준별로 수련 하는 기술.

전후권법 : 앞뒤로 같은 권법을 좌우로 바꿔 하는 기술.

전후수족수법 : 앞으로 기본권법하고 발차고 다시 기본권법 뒤로 기본권법하고 발차고 다시 기본권법.

전후수족형법 : 앞으로 기본권법 하고 발차고 이어 뒤로 기본권법 하고 발차기.

전후족수족법 : 앞으로 발차고 기본권법 하고 다시 발차기 뒤로 발차고 기본권법 하고 다시 발차기.

전후족수형법 : 앞으로 발차고 기본권법 하고 이어 뒤로 발차고 기본권법.

전후혼용권법 : 앞뒤로 서로 다른 권법을 좌우로 바꿔 하는 기술.

점프교차(혼용)복식발차기 : 앞(뒷)발 들어차고 동시에 도약하여 뒷(앞)발로 차는 발차기. 혼용으로 찰 수 있음.

점프낙법 : 몸의 균형을 잃고 공중에 떠 있는 상태에서 전방, 후방, 측방, 회전측방으로 지면에 안전하게 착지하는 기술.

점프낙호법 : 경호대상과의 이격 거리가 멀거나 다소 떨어져 있는 경우 뛰어 달려와 서서 멀리 점프하여 경호대상의 신체를 감싸거나 붙잡고 낙호법을 하는 기술.

점프단식발차기 : 도약하여 차는 기술.

점프발차기법 : 도약하여 차는 발차기술.

점프복식발차기 : 도약하여 2회 차는 발차기술.

점프복식발차기법 : 지면에 닿거나 닿기 전에 도약하여 2회 이상 연속해 차는 기술.

점프연속복식발차기 : 도약하여 한발로 발차기를 차고 연달아 발차기(혼용)를 찬 후 착지 하는 발차기.

점프이방복식발차기 : 도약하여 한발로 발차기를 차고 착지 후 재도약하여 다른 방향으로 발차기를 차는 기술로서 전측, 전후, 좌우, 측후, 측전, 후전 등으로 구분함.

점프이방좌우족(혼용)복식발차기 : 도약하여 한발로 발차기를 차고 착지 후 재도약하여 다른 발로 차는 발차기. 혼용으로 찰 수 있음.

점프이방혼용복식발차기 : 도약하여 한발로 발차기를 차고 착지 후 재도약하여 다른 방향으로 다른 발차기를 차는 기술로서 전측, 전후, 좌우, 측후, 측전, 후전 등으로 구분함.

점프전방낙법 : 몸이 일시에 공중에 떠 있을 수 있는 상황에서 몸이 전후수평으로 균형이 이루어지도록 유지케 한 다음 두팔과 다리를 어깨 넓이로 균형있게 벌려 사지를 통한 완충 작용으로 충격을 분산, 완화, 흡수하여 지면에 안전하게 착지 하는 기술.

점프전방무성낙법 : 몸이 공중에 떠 있는 상황에서 무게중심이 상체로 쏠려 몸이 거꾸러져 얼굴부터 지면에 떨어지는 경우 두팔을 어깨 넓이로 벌려 수직으로 펴 전방무성낙법 기술로 지면에 착지 하는 기술.

점프좌우복식발차기 : 도약하여 한발로 발차기를 차고 착지 후 재도약하여 다른 발로 같은 발차기를 차는 발차기.

점프좌우혼용복식발차기 : 도약하여 한발로 발차기를 차고 착지 후 재도약하여 다른 발로 다른 발차기를 혼용하거나 하상(상하)단으로 결합 혼용하여 차는 발차기.

점프측방낙법 : 측방낙법의 기술을 기초로 한 기술로서 몸이 공중에 떠 있는 순간 몸의 수평 균형을 유지하여 몸을 측(좌, 우)면으로 틀어 오른발(좌측방의 경우) 발바닥이 지면에 닿게 1차 착지하고 왼발목을 ㄴ자로 유지하여 왼발로 착지하고 왼쪽 허벅지, 손, 엉덩이, 팔, 몸통 순으로 충격을 완화 흡수하며 착지 하는 낙법 기술.

점프하단발차기 : 낮게 멀리 도약(전환선법–전방 또는 평전)하여 한 상태에서 차는 기술.

점프호위낙선법 : 경호대상과의 이격 거리가 멀거나 다소 떨어져 있는 경우 뛰어 달려와 서서 멀리 점프하여 경호대상의 신체를 감싸거나 붙잡고 호위낙선법을 하는 기술.

점프혼용복식발차기 : 도약하여 발차기를 차고 착지 후 재도약하여 다른 발차기를 혼용하거나 하상(상하)단으로 결합 혼용하여 차는 발차기.

점프회전측방낙법 : 몸 공중에 높이 또는 멀리 띄워 몸의 순간회전력을 이용하여 공중에서 몸을 앞으로 회전해 지면에 떨어질 때 측방낙법 기술로 착지 하는 기술.

점프후방낙법 : 몸이 공중에 떠 있다가 일시에 뒤로 떨어지는 경우 후방낙법기술을 기초로 하여 두손과 팔, 어깨견갑골부위, 몸통 순으로 3단계에 걸쳐 뒤로 지면에 착지 하는 기술.

정강이 : 앞발목장 위쪽부분에서 무릎장 아래 부분에 이르러 앞 뼈와 전경골근이 있는 부위.

정강이 내로 돌려막기 : 한발 무릎을 몸 안쪽으로 돌려 밀어 정강이로 공격을 막아 내는 기술.

정강이 내로들어 세워막기 : 한발 무릎을 몸통까지 수직으로 세워들어 정강이가 몸 안쪽으로 향하게 들어 상대공격을 막는 기술.

정강이 돌려막기자세 : 무릎 아래로 상대의 발차기 공격을 정강이로 막아내는 기술수련. 앞발 또는 뒷발에 체중의 3/2를 옮겨 지면에 대고 선 앞굽족장으로 하고 무릎을 전면, 내외측 면으로 돌려 밀어 무릎 아래로 공격 하는 것을 정강이로 막아 내는 기술.

정강이 수평막기자세 : 상대 차기공격에 정강이를 수평으로 세워 막아내는 기술. 무릎과 발 목장이 수평으로 일직선이 될 수 있도록 무릎을 접어들어 정강이로 상대공격을 막아 내는 기술.

정강이 외로 돌려막기 : 한발 무릎을 몸 바깥쪽으로 돌려 밀어 정강이로 공격을 막아 내는 기술.

정강이 외로들어 세워막기 : 한발 무릎을 몸통까지 수직으로 세워들어 정강이가 몸 바깥쪽으로 향하게 들어 상대공격을 막는 기술.

정강이 정면 돌려막기 : 한발 무릎을 정면으로 돌려 밀어 정강이로 공격을 막아 내는 기술.

정강이 정면들어 세워막기 : 한발 무릎을 몸통까지 수직으로 세워들어 정강이가 앞으로 향하게 들어 상대공격을 막는 기술.

정강이들어 내로 대각막기 : 한발 무릎을 몸 안쪽으로 들어 올려 정강이를 대각 45° 각도로 들어 상대공격을 흘려 막는 기술.

정강이들어 대각막기자세 : 상대의 하단차기 공격예측이 늦어 막아내거나 피하기가 어려울 경우 타격강도가 약하게 하도록 흘려 막아 내는 기술. 앞발 또는 뒷발의 무릎을 들어 올려 정강이를 대각 45° 각도로 들어 내외로 흘려 막아 내는 기술.

정강이들어 세워막기자세 : 상대 하단 중단 차기공격에 정강이를 직각으로 세워들어 전면, 내외측면으로 공격을 막아내는 기술.

정강이들어 외로 대각막기 : 한발 무릎을 몸 바깥쪽으로 들어 올려 정강이를 대각 45° 각도로 들어 상대공격을 흘려 막는 기술.

정검견제자세 : 한손은 정권 다른 한손은 검을 든 견제자세로 상팔, 중팔, 하팔 자세로 견제 하는 기술.

정권 : 사지를 손바닥 안으로 말아 거머쥐고 엄지를 인지 중지 위고 붙이고 사지 손가락이 평평하게 균형이 유지되게 하여 손가락 사이가 밀착되도록 힘을 주어손등과 손목 관절이 수평이 되도록 주먹을 쥔 것.

정권치기자세(A, B) : 정권을 사용해 직선 또는 곡선 그리고 높낮이 등을 조절하여 치는 기술로서 평정권, 배정권, 세정권, 쥔정권등이 있다.

정봉견제자세 : 한손은 정권 다른 한손은 봉을 든 견제자세로 상팔, 중팔, 하팔 자세로 견제 하는 기술.

정신강화 : 경호무술 수련을 위한 마음의 자세나 태도를 더 강하고 튼튼하게 하여 수준이나 정도를 더 높이고 초인정신을 함양하는 것.

정신비법 : 마음의 안정과 집중.

정조준 : 목표의 정 중앙에 조준선을 정확하고 세밀하게 유지하여 조준 하는 기술.

제끼기 : 안쪽이 바깥으로 나오게 하다는 뜻과 같이 손과 팔이나 다리나 발로 상대가 똑바로 진행 하지 못하게 바깥으로 밀리게 하여 균형을 잃게 하거나 상대 신체가 유도하는 방향으로 뒤바꿔 밀려 균형을 잃게 하여 밀려나거나 넘어지게 하는 기술.

제압술 : 상대가 역습할 수 없도록 완전하게 사지 와 몸통을 누르거나 조르는 기술

제압호신술대련 : 상대와 맞서 호신술로 겨루어 상대가 더 이상 제압해제하거나 역습을 할 수 없다는 항복의 사인을 줄 때까지 상대를 완벽히 제압하는 기술

제치기 : 제껴 친다는 뜻으로 손으로 제껴진 상대을 밀어 쳐 균형을 잃고 바깥으로 강하게 튕겨 나가게 하거나 넘어 지게 하는 기술.

조준 : 목표물을 향해 방향과 거리를 잡아 겨누는 기술.

조준사격 : 정조준으로 적을 정확하고 세밀하게 조준 하여 사격하는 기술.

조준선정렬 : 사수의 눈으로부터 가능자구멍(홍)과 가능쇠(울)를 거쳐 목표의 조준점에 이르는 직선.

족기 : 발바닥 전 부분과 (내)족도 등을 통칭하여 이르는 말.

족도 : 발(足)자 와 칼(刀)자를 합성한 것으로 발을 칼날처럼 세운다는 뜻.

족도잡고무릎관절펴주기 : 양다리를 펴고 앉아 한쪽 다리를 구부려 다른 다리의 대퇴부 위로 올린다음 발 족도를 반대 손으로 잡고 다른 손으로는 무릎관절을 눌러 펴줌으로서 다리 근육을 유연하고 부드럽게 하는 근 신전운동 자세.

족도차올리기 : 족도를 유지한 상태에서 발바닥이 위로 보이게 다리를 머리 위로 무릎을 펴서 높이차는 차는 기술.

족법 : 발을 이용하는 기술.

족법특기술 : 다리나 발을 이용한 밀기, 밀치기, 당기기, 걸기, 제끼기, 제치기 등의 기술.

족수전측처치법 : 앞으로 발차기하고 옆으로 기본권법.

족수전후처치법 : 앞으로 발차기하고 뒤로 기본권법.

족수족법(발권발법) : 앞으로 발차고 기본권법 하고 발차기.

족자세 : 발의 위, 아래, 바닥, 앞, 뒤측, 뒤굽 부위를 사용하여 무기처럼 다양하게 구사하여 가격력을 기르는 자세.

족장 : 평평한 발바닥 전체를 이르는 말.

족장 내로 들어막기 : 한발 발끝이 몸 바깥쪽으로 족장을 몸 안쪽으로 향하게 들어 상대공격을 막는 기술.

족장 들어막기자세 : 발바닥을 들어 상대의 하단 발차기 공격을 족장으로 막아 내는 기술. 앞발 또는 뒷발의 족장으로 들어 전면, 내외측면으로 하여 밀거나 틀어 상대의 하단발차기 공격을 족장으로 막아 내는 기술. 이때 다른 한발은 평형성을 유지 하도록 함.

족장 외로 들어막기 : 한발 발끝이 몸 안쪽으로 족장을 몸 바깥쪽으로 향하게 들어 상대공격을 막는 기술.

족장 정면 들어막기 : 한발 발끝이 위로 족장이 앞으로 향하게 들어 상대공격을 막는 기술.

족장밀어차기 : 발을 들어 접혀진 발을 동시에 직선으로 뻗으면서 발의 바닥 부위로 차는 기술.

좌우권법 : 오른쪽 왼쪽 옆으로 같은 권법으로 좌우로 바꿔 하는 기술.

좌우막고치기 : 한손(팔)으로 막고 다른 일수로 치는 기술.

좌우복식막고차기 : 좌우로 번갈아 막고 좌우로 번갈아 차는 연속동작을 두 번 하는 기술. 일수막기만 적용.

좌우복식막고치기 : 좌우로 번갈아 막고 치기 연속동작을 두 번 하는 기술. 일수, 좌우에만 적용. 좌우의 경우 한손으로 막고 다른 한손으로 치고 다시 친손으로 막고 다른 한손으로 치는 동작을 좌우복식 막고치기라 함.

좌우복식베기 : 좌우로 한번씩 두 번 베기.

좌우손끝으로발끝찍어주기 : 양팔을 수평으로 펴 벌리고 양다리를 어깨넓이 만큼 벌려 손끝이 반대쪽 발끝에 닿도록 좌우로 돌려 상, 하체의 근육과 관절을 유연하고 부드럽게 하는 근 신전운동 자세.

좌우전진권법 : 앞으로 같은 기본권법을 좌우로 바꿔 연속 2회 하는 기술.

좌우전진혼용권법 : 앞으로 다른 기본권법을 좌우로 바꿔 연속 2회 혼용하는 기술.

좌우족(혼용)전진발차기 : 앞으로 나아가며 양발을 바꿔 연속해서 차는 발차기

좌우족(혼용)후진발차기 : 뒤로 빠지며 양발을 바꿔 연속해서 차는 발차기.

좌우족복식발차기법 : 양발을 이용해 한번씩 번갈아 차 2회 연속으로 차는 기술.

좌우족하단복식발차기 : 양발을 이용해 하단발차기를 순서대로 한번씩 번갈아 차 2회 연속으로 차는 기술.

좌우족혼용복식발차기 : 양발을 이용해 서로 다른 발차기기술로 번갈아 차 2회 연속으로

차는 기술.

좌우족혼용하단복식발차기 : 양발을 이용해 하단발차기 순서를 혼용해 좌우발로 한번씩 번갈아 차 2회 연속으로 차는 기술.

좌우혼용권법 : 오른쪽 왼쪽 옆으로 서로 다른 권법을 좌우로 바꿔 하는 기술.

좌우혼용복식베기 : 두 가지 베기술을 좌우로 한번씩 연결해 베고 베로 두 번 베거나 찌르고 베기, 치고 베기, 찍고 베기 등으로 결합혼용.

죽검 : 대나무 재질로 칼처럼 만든 수련검

준비수련법 : 본 수련에 앞서 인식과 신체운동에 임할 수 있도록 준비를 하는 수련법.

준비수련법수련단계 : 준비수련법 수련체계를 유급 또는 유단 수련자의 수련기간 및 수준에 따라 지도하고 익히는 과정.

준비수련법체계 : 본 수련에 앞서 심신을 안정시키고 수련정진에 집중할 수 있도록 명상 과 단전호흡 그리고 근 신전운동, 관절운동 등을 순서에 의하여 수련할 수 있도록 프로그램으로 체계화 한 기술.

중검(소도) : 50cm~60cm 내의 검.

중검형법 : 기본권법자세를 이용해 중검을 한손에 쥐고 기본권법으로 하는 기술.

중단검배찌르기 : 검끝날이 앞으로 향하게 검 손잡이를 왼편 옆구리 쪽으로 빼서 가슴, 명치를 향해 팔을 펴 사선으로 찌르기.

중단검세찌르기 : 가슴, 명치를 향해 정면으로 팔을 펴 찌르기.

중단검찌르기 : 한손 또는 양손으로 쥔 검을 가슴 또는 명치를 향해 팔을 정면으로 펴 찌르는 검찌르기기술.

중단검평찌르기 : 검끝날이 앞으로 향하게 검 손잡이를 오른편 옆구리 쪽으로 빼서 가슴, 명치를 향해 팔을 펴 사선으로 찌르기.

중단내려치기 : 한손 또는 양손으로 쥔 봉을 위에서 아래로 수직으로 강하게 가슴(양어깨)높이를 내려치는 기술.

중단대각배내려베기 : 위에서 아래사선(우에서 좌)으로 가슴 높이를 내려 베는 기술.

중단대각배올려베기 : 아래서 위사선(우에서 좌)으로 가슴 높이로 올려 베는 기술.

중단대각봉올려찍기 : 한손 또는 양손으로 쥔 봉끝을 가슴, 몸통, 양팔을 향해 좌우측면 아래에서 사선으로 강하게 올려찍어 치는 기술. 세부용어:평대각중단올려찍기, 배대각중단올려찍기.

중단대각올려치기 : 한손 또는 양손으로 쥔 봉을 가슴, 몸통, 양팔을 향해 좌우측면 아래서 사선으로 강하게 올려 치는 기술. 세부용어:평대각중단올려치기, 배대각중단올려치기.

중단대각평내려베기 : 위에서 아래 사선(좌에서 우)으로 가슴 높이를 내려 베는 기술.

중단대각평올려베기 : 아래서 위사선(좌에서 우)으로 가슴 높이로 올려 베는 기술.

중단막기 : 몸통을 공격 할 때 막아 내는 기술. 중단(어깨에서 명치에 이르는 부위)

중단무기막기(A, B) : 단봉 또는 중봉 및 단검 또는 중검을 몸통 중앙에 세워 막는 기술. B: 몸통 밖으로 벌려 세워 막는 기술.

중단발차기 : 상대의 몸통을 공격하는 발치기술로 주로 몸통에 타격을 가함.

중단봉찌르기 : 한손 또는 양손으로 쥔 봉의 윗 끝부분을 가슴, 명치를 향해 팔을 정면으로 펴

찌르는 기술. 세부용어:평찌르기, 배찌르기, 세찌르기.

중단세내려베기 : 검을 머리위로 들어 올린 상태에서 상대 명치 높이까지 강하게 수직으로 내려 베는 기술.

중단세봉찍기 : 한손 또는 양손으로 세쥔 봉끝을 양어깨, 가슴, 명치를 향해 위에서 아래로 내려찍어 치는 기술.

중단수평돌려치기 : 한손 또는 양손으로 쥔 봉을 가슴, 몸통, 양팔을 향해 좌우측면에서 수평으로 강하게 돌려 치는 기술. 세부용어:평수평치기, 배수평치기

중단수평봉돌려찍기 : 한손 또는 양손으로 쥔 봉끝을 가슴, 몸통, 양팔을 향해 좌우측면 수평으로 강하게 돌려찍어 치는 기술. 세부용어:평수평찍기, 배수평찍기.

중단전 : 심장을 이르는 말이다. 명상호흡시 심장을 통하여 단전호흡을 할 수 있음.

중단평수평베기 : 가슴 높이를 베는 기술.

중봉 : 100cm 내외의 봉.

중봉형법 : 기본권법자세를 이용해 중봉을 한손에 쥐고 기본권법으로 하는 기술.

중족장 : 발바닥의 정 중앙 부위.

중쥔단봉 : 단봉의 정중앙을 쥐어 잡는 기술.

중쥔장봉 : 한손으로 장봉의 정중앙을 쥐어 잡는 기술.

중쥔중봉 : 한손으로 중봉의 정중앙을 쥐어 잡는 기술.

중지정권치기 : 중지 중관절 부위를 세워 감아쥔 자세로 치는 기술.

중팔도정자세 : 양팔을 올려 한손은 손바닥을 앞으로 수도자세를 어깨높이로 올리고 다른 한손은 평정권자세로 가슴높이에 올려 견제 하는 기술로. 상대의 공격이 몸통을 중심으로 공격할 때 잡고 치기술을 적용하기 위한 기술

중팔수도자세 : 양 수도자세로 양팔을 올려 한손은 손바닥이 앞으로 어깨높이로 올리고 다른 한손은 손바닥을 위로 가슴높이로 올려 견제하는 자세로 상대의 공격이 몸통을 중심으로 공격할 때 잡기술을 적용하기 위한 기술   .

중팔수도자세 B형 : 양 수도자세로 손바닥이 앞으로 보이게 양팔을 올려 한손은 어깨높이로 올리고 다른 한손은 명치높이로 올려 견제하는 기술로. 상대의 공격이 몸통을 중심으로 공격할 때 잡기술을 적용하기 위한 기술

중팔정권자세 : 두 손을 거머쥐어 정권자세로 양팔을 올려 한손은 어깨높이로 올리고 다른 한손은 가슴 높이로 올려 견제하는 자세로 상대의 공격이 몸통을 중심으로 공격할 때 방어하기 위한 기술 .

중팔정도자세 : 양팔을 올려 한손은 평정권자세를 어깨높이로 올리고 다른 한손은 손바닥을 위로한 수도자세로 가슴높이로 올려 견제 하는 기술로. 상대의 공격이 몸통을 중심으로 공격할 때 잡고 치기술을 적용하기 위한 기술

쥔정권 : 세정권 자세에서 약지부위에 집중하여 가격하여 내리치는 자세

쥔정권치기 : 쥔정권 수직으로 올려 내려치는 기술. 또는 수평으로 돌려 치는 기술

지구력증대 : 오랫동안 버티고 견디는 힘을 늘리거나 키우는 기술.

지도시간 : 정해진 경호무술 수련시간.

지도의 동기 : 자기계발을 통한 자신감과 수련생에게 동기 부여.

지도자의 훈계 : 지도자가 갖추어야 할 의무와 책임.

지르기 : 권, 수, 팔 부위에 힘을 집중하여 상대에게 가격을 가하기 위해 깊게 밀어치기 기술.

지향사격 : 상대의 방향과 위치를 파악하고 총구가 적을 향하게 하여 감각적으로 조준선정렬을 하고 사격 하는 기술.

진검 : 금속성 재질로 날을 세운 칼 무기

진로개척법 : 혼자 또는 다수의 인원이 자신 또는 경호대상이 나아갈 진로방향을 고의적으로 막고 서있거나 군중이 밀집되어 혼잡한 지역을 경호대상과 함께 신속히 벋어나야 하는 상황에서 진행 진로를 확보하기 위한 개척 기술.

진압기술 : 상황인지에 따른 수단적 방법.

집중강화훈련 : 시각, 청각, 촉각, 예각을 통해 실시.

찔러밀치기 : 손으로 상대의 특정 부위를 찌르며 밀어 치는 기술.

차고뒤돌아점프발차기 : 일족으로 발차기를 차고 앞에 내려놓고 뒷발을 반원뒷전환으로 돌아들어 올려 동일한 발차기를 차는 기술.

차고뒤돌아점프혼용발차기 : 일족으로 발차기를 차고 앞에 내려놓고 뒷발을 반원뒷전환으로 돌아들어 올려 다른 발차기를 차는 기술.

차고점프복식발차기 : 일족으로 발차기를 차고 도약하여 같은 발차기를 차는 기술.

차고점프혼용복식발차기 : 일족으로 발차기를 차고 도약하여 다른 발차기를 차는 기술.

차기법 : 공격을 가하려는 상대의 자세에서 빈틈을 찾고 인체의 3대 약점인 급소, 골격, 관절부를 각종 차기술로 전신을 가격하는 기술.

차량사격술 : 이동간 차량의 창문 또는 선루프를 통해 의탁하며 사격하거나 차량 정차시 차문 및 차량체에 은폐 및 엄폐하여 사격하는 사격 기술.

착각과반사 : 사물에 대한 오감은 착시를 잃으키고 이를 이용 할 수 있음.

체력단련지도 : 경호무술을 배우기 위한 신체의 기초능력을 배양하는 지도.

총 : 금속탄환을 발사하는 현대화된 무기.

측방낙법 : 몸체를 옆으로 틀어 발목을 L자로 힘을 주어 유지한 채 발을 먼저 지면에 착지하고 허벅지, 엉덩이, 손, 팔, 몸통 순으로 충격을 완화 시켜 지면에 착지 하는 기술.

측방낙호법 : 낙호법 시도자가 경호대상의 신체를 감싸거나 붙잡고 측면으로 넘어져 착지 하거나 측면으로 굴러 착지하는 기술.

측방선법 : 측면으로 돌아 일어나는 서기 기술.

측방선호법 : 경호대상을 측면으로 돌려 일으켜 세우는 기술.

측방유도낙호법 : 경호대상이 자신의 신체 측면부분으로 지면에 착지 할 수 있도록 하는 유도법 기술.

측방일족선법 : 엎드리거나 누운 상태에서 한쪽 측면으로 몸을 굴려 한발로 몸의 중심을 잡고 지탱해 일어서는 기술.

측방호위낙선법 : 경호대상과 함께 측면으로 구르거나 착지하여 일어서는 기술.

치기 : 권, 수, 팔 ,신, 두부위에 힘을 집중하여 상대에게 가격을 가하기 위해 치는 기술.

치기법 : 공격을 가하려는 상대의 자세에서 빈틈을 찾고 인체의 3대 약점인 급소, 골격, 관절부를 각종 치기술로 전신을 가격하는 기술.

칼 : 금속성 재질로 된 무기. 베거나 찌를 때 사용.

칼 크기종류 : 단검, 중검, 장검

칼종류 : 한날검, 양날도

타격권무형법 : 목표물을 두고 권무형법을 하는것

타격막기 : 실제 수족 및 각종 코칭 미트 및 타격봉으로 공격하는 것을 막아내는 실전 훈련 기술.

타격발차기 : 목표물을 놓고 연습하는 발차기술.

타격치기 : 각종 코칭 미트(단미트, 쌍미트, 쉴드, 전신쉴드, 라운드미트, 센드백, 타격대 등) 장비를 쳐 타격기술을 익히는 훈련기술.

탈출해제법 : 자신이 또는 경호대상자가 다수의 위해자에게 잡혀 강제로 끌려가거나 납치당 하려는 상황이거나 또는 다수의 인원이 포위하고 있거나 포박을 당해 잡혀 있을 경우 이를 해제하고 탈출 하는 기술.

투지력발달 : 불의, 고난스러움, 소중한 것을 해(害)하려는 자와 맞서 싸우고자 하는 의지나 힘을 가진 사람으로 성장하거나 성숙해 지도록 하는 것.

특수발차기법 : 최상의 근력 및 순발력을 집중시켜 일격을 가하는 기술로 높게 또는 길게 도 약하여 체중을 실어 차는 고도의 발차기술.

특수사격술 : 상대를 치거나 차고 동시에 사격을 하는 기술.

팀호위권무형법 : 2인 이상 팀을 이뤄 경호대상자를 호위하고 상대를 제압하는 권무형법 기술.

팀호위낙선법 : 2인 이상 팀을 이뤄 경호대상을 보호하기 위해 취하는 낙호법, 선호법, 호위 낙선법 기술.

팀호위대련 : 2인 이상이 팀을 이뤄 경호대상을 호위하거나 긴급 피난시키고 공격자와 맞서 싸우는 호위대련 기술

팀호위발차기법 : 2인 이상 팀을 이뤄 경호대상자를 호위하고 상대를 제압하는 발차기술.

팀호위사격술 : 2인 이상이 팀을 이뤄 인벽(이방, 삼방, 사방, 중첩) 구축, 낙호법, 긴급피난을 실시하며 방어사격 및 대응사격을 하는 팀웍호위사격술.

팀호위특기술법 : 2인 이상 팀을 이뤄 경호대상을 수행하고 보호 할 수 있는 보디플스아웃 기법, 탈출해제법, 진로개척법, 저지방어법, 연결방어법, 육탄방어법 등을 구사하는 기술.

팀호위호신술 : 2인 이상 팀을 이뤄 경호대상을 보호하고 위해기도자를 제압하는 호위호신 기술.

판단력발달 : 사물을 인식하여 논리나 기준 등에 따라 판정할 수 있는 능력을 지닌 사람으로 성장하거나 성숙해 지도록 하는 것.

팔굽 : 팔꿈치를 말함. 팔꿈치 끝 원형 지름 3cm가량 부위.

팔굽장 : 팔굼치로부터 어깨 방향으로 5cm가량 부위

팔방권법 : 전후좌우 대각사방향 8개 방향으로 같은 권법을 구사하는 기술.

팔방전진수족(족수)형법 : 전후좌우 그리고 대각사방 각 방향으로 기본권법하고 발차기(발차 기하고 권법)를 이어 하는 기술.

팔방혼용권법 : 전후좌우 대각사방향 8개 방향으로 서로 다른 권법을 구사하는 기술.

팔법 : 팔을 이용하는 기술.

팔법특기술 : 팔을 이용한 밀기, 밀치기, 당기기, 걸기, 제끼기, 제치기 등의 기술.

팔장 : 팔꿈치로부터 손목 방향으로 15cm가량 부위

팔짱끼고무릎꿇고누워몸통좌우돌려주기 : 무릎을 꿇고 앉아 뒤로 넘어가 머리를 지면에 대고 팔장을 낀 다음 몸통을 좌우로 돌려 대퇴부근육과 척추를 유연하고 부드럽게 하는 근 신 전운동 자세.

편일족전방낙선법(편일족법) : 앞으로 넘어질 때 몸을 앞으로 굴러 한발 무릎을 펴 일어서는 기술.

편일족후방낙선법 : 뒤로 넘어질 때 몸을 숙여 뒤로 굴러 한발 무릎을 펴 일어서는 기술.

평(내, 외)손목굽(장)치기 : 손등을 위로 하여 손목굽(장)을 수평으로 치는 기술.

평가기준 : 기술수준에 따른 평점 부여 방식.

평관수도치기 : 평수도 자세 손끝으로 찌르거나 그어 치는 기술.

평교 : 위치와 중심을 이동하지 않은 상태에서 앞뒤 발을 제자리서 교차하여 바꿔 서는 자세.

평베기 : 손등이 위로 향하게 하여 수평 및 사선, 유선으로 돌려, 내려 또는 올려 베는 베기술. 양손으로 쥔 경우 검 손잡이 위쪽에 쥔 손을 기준함.

평서기 : 옆으로 발을 벌려서는 동작으로 좌우로 양발을 보통넓이(40cm~50cm)로 벌려 몸의 중심을 중앙에 두고 양 무릎을 곧게 펴 선 자세.

평선 : 위치와 중심을 이동하지 않은 상태에서 발의 앞축과 뒤축을 들어 제자리서 앞뒤로 돌아 서는 자세.

평수도 : 손등이 위로 향하게 오지를 모아 편 자세.

평수도치기 : 평수도로 안에서 밖으로 수평 또는 대각 으로 치는 기술.

평수평베기 : 검을 왼쪽에서 오른쪽(오른손 이거나 양손인 경우 오른손이 위쪽 손잡이에 있을 때)으로 수평이 되게 직선, 유선으로 베는 베기술.

평원그려베기 : 검을 쥔 손을 왼쪽 뒤에서 오른쪽 뒤까지 손등을 위로 하여 360° 원을 그려 (관수 눈 원그려치기와 동일선) 유선으로 베는 기술.

평원그려치기 : 봉을 쥔 손을 왼쪽 뒤에서 오른쪽 뒤까지 손등을 위로 하여 360° 원을 그려 (관수 눈 원그려치기와 동일선) 유선으로 돌려 치는 기술.

평전(A B) : 뒷발이 앞발위치에 오고 앞발이 최초 보폭 크기만큼 앞으로 전진 이동하여 서는 자세. B형은 최초 보폭크기 만큼 앞발을 먼저 옮기고 뒷발이 따라 갈 수도 있음.

평전교(A B) : 뒷발을 앞발의 앞쪽으로 교차하여 앞발보다 더 앞으로 내딛고 앞발이 최초 보폭 크기만큼 앞으로 전진 이동하여 서는 자세. B형은 뒷발을 앞발의 뒤쪽으로 앞발보다 더 앞으로 내딛고 앞발이 최초 보폭 크기만큼 앞으로 전진 이동하여 서는 자세.

평정권 : 손등이 위로 향하게 주먹을 쥔 자세.

평정권치기 : 평정권 직선으로 팔을 비틀어 앞으로 뻗어 치는 기술.

평팔굽장치기 : 팔굽장을 수평으로 돌려 치는 기술

평팔굽치기 : 손등을 위로 해 팔을 수평으로 하고 팔꿈치로 치는 기술. 돌려치기, 밀어치기.

평팔장 : 평정권자세에서 팔꿈치와 손목 사이 3/1 지점부위

평팔장치기 : 손등을 위로 하여 팔장으로 치는 기술.

평형성증대 : 몸의 균형 감각이 안정적으로 잡히도록 하는 기술.

평후(A B) : 앞발이 뒷발위치에 오고 뒷발이 최초 보폭 크기만큼 뒤로 후진 이동하여 서는 자세. B형은 최초 보폭크기 만큼 뒷발을 먼저 옮기고 앞발이 따라 갈 수도 있음.

평후교(A B) : 앞발을 뒷발의 앞쪽으로 교차하여 뒷발보다 더 뒤로 내딛고 뒷발은 최초 보폭 크기만큼 뒤로 후진 이동하여 서는 자세. B형은 앞발을 뒤발의 뒤쪽으로 뒷발보다 더 뒤로 내딛고 뒷발이 최초 보폭 크기만큼 뒤로 후진 이동하여 서는 자세.

폭발물 : 금속 또는 프라스틱 제질로 된 포탄 또는 급조무기로서 인마살상용으로 제조된 무기.

하단걷어돌려차기 : 무릎아래를 발목을 유지한 상태에서 뒤꿈치로 대각 측면수평으로 다리를 접는 동시에 무릎을 힘차게 뻗어 원으로 돌려 차는 기술.

하단검배찌르기 : 검끝날이 앞으로 향하게 검 손잡이를 왼편 옆구리 쪽으로 빼서 위아랫배를 향해 팔을 펴 사선으로 찌르기.

하단검세찌르기 : 위아랫배를 향해 정면으로 팔을 펴 찌르기.

하단검찌르기 : 한손 또는 양손으로 쥔 검을 위아랫배를 향해 팔을 정면으로 펴 찌르는 검찌르기기술.

하단검평찌르기 : 검끝날이 앞으로 향하게 검 손잡이를 오른편 옆구리 쪽으로 빼서 위아랫배를 향해 팔을 펴 사선으로 찌르기.

하단내려치기 : 한손 또는 양손으로 쥔 봉을 위에서 아래로 수직으로 강하게 허리높이를 내려치는 기술.

하단내서외로발끝찍기 : 무릎아래를 발등으로 내에서 밖으로 굽혀진 무릎을 힘차게 뻗으며 차는 기술.

하단대각내려치기 : 한손 또는 양손으로 쥔 봉을 허리, 손목을 향해 좌우측면 위에서 사선으로 강하게 내려치는 기술. 세부용어:평대각하단내려치기, 배대각하단내려치기.

하단대각배내려베기 : 위에서 아래사선(우에서 좌)으로 허리 높이를 내려 베는 기술.

하단대각배올려베기 : 아래서 위사선(우에서 좌)으로 허리 높이로 올려 베는 기술.

하단대각봉내려찍기 : 한손 또는 양손으로 쥔 봉끝을 허리, 손목을 향해 좌우측면 위에서 사선으로 강하게 내려찍어 치는 기술. 세부용어:평대각하단내려찍기, 배대각하단내려찍기.

하단대각평내려베기 : 위에서 아래 사선(좌에서 우)으로 허리 높이를 내려 베는 기술.

하단대각평올려베기 : 아래서 위사선(좌에서 우)으로 허리 높이로 올려 베는 기술.

하단뒤차걷어돌려차기 : 평선으로 몸을 돌려 다리를 대각 직선 뒤로 뻗는 동시에 원으로 돌려 다리를 접어 뒤꿈치로 차는 기술.

하단뒤차기 : 평선으로 몸을 돌려 다리를 직선 뒤로 들고 족도로 대각 측면수평으로 다리를 접는 동시에 무릎을 힘차게 뻗어 차는 기술.

하단뒷꿈치대각내려찍기 : 뒤꿈치로 측면 대각수평으로 다리를 접는 동시에 무릎을 힘차게 뻗어 원으로 돌려 걷어차는 기술.

하단막기 : 허리를 공격 할 때 막아 내는 기술. 하단(명치에서 배꼽에 이르는 부위)

하단무기막기 : 단봉 또는 중봉 및 단검 또는 중검을 허리 높이에 수평으로 막는 기술.

하단발끝찍기 : 무릎아래를 발등으로 밖에서 안으로 굽혀진 무릎을 힘차게 뻗으며 차는 기술.

하단발차기 : 상대의 하체를 공격하는 발차기술로 주로 무릎아래부위에 타격을 가함.

하단발차기법 : 11가지 하단 발차기로 체계화되어 이루어진 기술.

하단복식발차기 : 무릎아래를 한발을 이용하여 두 번 차는 기술.

하단복식발차기법 : 하단발차기(11개)를 순서대로 각 2회씩 연속 차는 기술.

하단봉찌르기 : 한손 또는 양손으로 쥔 봉의 윗 끝부분을 아랫배, 치골, 낭심을 향해 팔을 정면으로 펴 찌르는 기술. 세부용어:평찌르기, 배찌르기, 세찌르기.

하단세내려베기 : 검을 머리위로 들어 올린 상태에서 상대 허리 높이까지 강하게 수직으로 내려 베는 기술.

하단세봉찍기 : 한손 또는 양손으로 세쥔 봉끝을 허리 및 치골을 향해 위에서 아래로 내려찍어 치는 기술.

하단앞차기 : 무릎아래를 앞굽족장으로 다리를 구부리는 동시에 무릎을 힘차게 뻗어 직선으로 차는 기술.

하단옆차기 : 무릎아래를 족도로 대각 측면수평으로 다리를 접는 동시에 무릎을 힘차게 뻗어 차는 기술.

하단이방복식발차기 : 하단발차기로 이방 복식발차기를 차는 발차기술.

하단전 : 배꼽아래를 이르는 말이다. 구체적으로 배꼽 아래 한치 다섯 푼 되는 곳으로 여기에 힘을 주면 건강과 용기를 얻을 수 있음. = 하단전을 기해(氣海)혈이라 부르기도 함.

하단족기지르기 : 무릎아래를 발 내측 측면으로 직선으로 차거나 밟는 기술.

하단족기차돌리기 : 무릎아래를 발 내측 뒤꿈치로 안에서 밖으로 원으로 돌려 차는기술 .

하단족도차돌리기 : 무릎아래를 족도로 밖에서 안으로 원으로 돌려 차는 기술.

하단평수평베기 : 자세를 낮춘 상태에서 허리 높이를 베는 기술.

하팔도정자세 : 양팔을 올려 한손은 손바닥을 앞으로 수도자세를 허리높이로 올리고 다른 한 손은 평정권자세로 명치높이에 올려 견제 하는 기술으로. 상대의 공격이 몸통아래를 중심으로 공격할 때 잡고 치기술을 적용하기 위한 기술

하팔수도자세 : 양 수도자세로 양팔을 올려 한손은 손바닥이 앞으로 허리높이로 올리고 다른 한손은 손바닥을 위로 명치높이로 올려 견제하는 자세로. 상대의 공격이 몸통 아래를 중심으로 공격할 때 잡는 기술을 적용하기 위한 기술

하팔수도자세 B형 : 양 수도자세로 손바닥이 앞으로 보이게 양팔을 올려 한손은 허리높이로 올리고 다른 한손은 배꼽높이로 올려 견제하는 기술으로. 상대의 공격이 몸통아래를 중심으로 공격할 때 잡기술을 적용하기 위한 기술

하팔정권자세 :두 손을 거머쥐어 정권자세로 양팔을 올려내려 한손은 허리높이로 올리고 다른 한손은 명치 높이로 올려 견제자세로 상대의 공격이 몸통아래를 중심으로 공격할 때 방어하기위한 기술.

하팔정도자세 : 양팔을 올려 한손은 평정권자세를 허리높이로 올리고 다른 한손은 손바닥을 위로한 수도자세로 명치높이로 올려 견제 하는 기술으로. 상대의 공격이 몸통아래를 중심으로 공격할 때 잡고 치기술을 적용하기 위한 기술

한번공격대련 : 상대와 공격 기회를 한번 씩 나눠가지며 단식(한번) 공격을 하고 상대 단식 공격에 방어 하거나 피하고 다시 공격하고 다시 방어하거나 피하고를 반복하여 수련하는 대련 훈련기법. 상대와 실력 차가 있더라고 공격의 기회가 균등하게 주어짐에 따라 대련 기술을 익히는데 매우 효과적인 훈련법이기도 하지만 익숙해지면 실제 공격과 방어가 순

식간에 진행되기 때문에 실력이 높은 수련자들이 대련을 하게 되면 두 번 공격 대련이나 자유대련보다 훨씬 치열하고 절대 방심 할 수 없는 대련 훈련 기술.

해제술 : 상대방이 자신의 신체일부 또는 전부를 못 움직이도록 잡거나 꺾거나 조르거나 제압된 상황에서 신체의 일부 또는 전부가 완전하게 자유로운 상태로 회복되도록 만드는 기술

해제역전환법 : 전환법을 이용하여 제압된 손목을 해제하는 기술을 익히는 기술.

해제역제압술 : 해제기술로 제압 해제하는 동시에 역으로 상대를 제압하는 기술.

허 : 심신이 허약하거나 방심해서 노출되는 약점.

허리굴신등배운동 : 다리를 어깨넓이 만큼 벌려 앞뒤로 숙여 허리와 등의 근육과 관절을 유연하고 부드럽게 하는 근신전운동 자세.

허벅지매어 : 권총집을 허벅지에 매는 기술.

호신기초기술자세 : 상대방이 잡기, 치기, 차기, 꺾기 조르기등의 수족에 의한 공격이나 칼, 각목과 같은 무기로 공격 시 수족 및 호신장비를 이용한 초기 방어 기술을 말함.

호신발달 : 적이 수족 및 무기로 자신을 공격하여 해하려 할 때 자신의 신체 및 생명을 보호하기위해 자기 자신을 방어 할 수 있는 능력을 키우는 기술.

호신술 : 위해자의 공격으로부터 자신의 신체 생명을 지키기 위하여 자위적으로 방어 하기위해 동원되는 체계화된 기술

호신술기본15수 : 상대가 자신의 한 손목을 잡았을 때 호신술의 원리를 이용해 제압하는 15수의 기본 호신 기술.

호신술대련 : 선공격호신술과 해제역호신술로 공격과 방어를 주고받으며 상대와 맞서 겨루는 훈련법으로 한번(복수허용)호신술, 자유호신술 대련으로 수련단계를 높여 훈련함. 호신술대련은 상대를 완전히 제압하여 항복의 의사를 밝힐 때 가지 진행 되는 것이 아니라 다양한 호신술 완벽히 걸려 상대를 제압하거나 넘어트리는 수준에서 훈련 하는 기술.

호신술원리 : 안정된 상대방의 몸의 균형을 무너트려 집중된 힘을 분산시키고 공격 술을 약화시키면서 역으로 상대방의 급소 관절 약골 등을 공격하는 원리

호위권무형법 : 권무형법을 이용해 위해자에게 노출된 경호대상을 보호하며 무기등을 혼용해 공격하는 기술

호위권무형법수련단계 : 호위권무형법 수련체계를 유급 또는 유단 수련자의 수련기간과 수준에 따라 지도하고 익히는 과정.

호위권무형법체계 : 맨손공방기술이 주된 기술이 되면서 경우에 따라 발차기와 무기 술등을 결합 혼용하는 기술로 기본권법, 복식권법, 무기형법, 호위권법 등으로 체계화한 기술.

호위권법 : 경호대상을 맨손으로 보호하며 하는 권법.

호위낙선법 : 경호대상을 낙호법으로 유도한 후 동시에 선호법으로 일어나 안전을 확보 하는 기법으로 자신과 경호대상자에게 가해지는 1차 위험을 낙호법을 통해 피하고 곧바로 선호법으로 연결해 일어남으로서 이어질 수 있는 2차의 위험으로부터 벗어나 경호대상의 안전을 확보하는 기술.

호위낙선법수련단계 : 호위낙선법 수련체계를 유급 또는 유단 수련자의 수련기간과 수준에 따라 지도하고 익히는 과정.

호위낙선법체계 : 몸의 귀형이 흐트러져 지면으로 떨어지는 경우 안전하게 착지할 수 있는 기술과 착지 후 신속히 일어나는 기술 그리고 경호대상의 안전을 위해 착지를 유도하는 기술로서 낙법, 선법, 낙선법, 낙호법, 호위낙선법 등으로 체계화한 기술

호위낙선법혼용호위권무형법 : 낙호법, 선호법, 호위낙선법을 통해 경호대상의 안전을 확보하고 경호대상을 중심으로 호위하며 이루어지는 호위권법, 호위수족법, 호위무기형법, 호위권무형법.

호위낙선법혼용호위발차기법 : 낙호법, 선호법, 호위낙선법을 통해 경호대상의 안전을 확보하고 경호대상을 중심으로 호위하며 이루어지는 호위발차기술.

호위단식발차기 : 경호대상자를 호위술로 보호하며 차는 단식발차기.

호위대련 : 경호대상을 호위하며 상대와 겨루는 대련 기술.

호위대련법 : 경호환경에서 일어 날 수 있는 맨손공격 무기공격 다수에 의한 물리적 공격수단으로부터 대응 할 수 있는 실질적인 가상 훈련기술.

호위대련법수련단계 : 호위대련법 수련체계를 유급 또는 유단 수련자의 수련기간과 수준에 따라 지도하고 익히는 과정.

호위대련법체계 : 다양한 수련체계를 상대방과 공격과 방어하는 실전 훈련기법으로 일대일대련, 일대 다수대련 ,무기대련, 호위대련 등으로 실무능력을 배양하도록 체계화 한 기술.

호위무기형법 : 경호대상을 호위술로 보호하며 하는 무기형법.

호위발달 : 적이 수족 및 무기로 경호대상자를 공격하여 해하려 할 때 곁에서 경호대상자의 신체 및 생명을 보호하고 지킬 수 있는 능력을 키우는 기술.

호위발차기법 : 경호대상자를 위해 기도자로부터 안전거리로 이격시키거나 공격각도를 이격시키면서 위해자의 신체를 타격하는 발차기술로서 단식발차기, 복식발차기, 이방복식발차기, 전환선법발차기, 특수발차기 등을 모두 이용 함.

호위발차기법수련단계 : 호위발차기 수련체계에 따라 유급 또는 유단 수련자의 수련기간 및 수준에 따라 지도하고 익히는 과정.

호위발차기법체계 : 다양한 공방 발기술을 기본단식발차기, 하단발차기, 복식발차기 점프복식발차기, 특수발차기, 호위발차기로 기법을 체계화한 기술

호위복식발차기 : 경호대상자를 호위술로 보호하며 차는 복식발차기.

호위사격술 : 공격방향으로 자신의 몸으로 인벽을 구축하거나 경호대상을 감싸 호위하며 방어사격 및 대응사격 하는 사격술.

호위사격술 : 호위사격술법의 사격 방향에 따라 경호대상을 은폐 엄폐될 수 있도록 자신의 신체를 통해 인벽 구축하거나 몸으로 감싸 낙호법을 유도 후 반격 사격하는 기술.

호위사격술법수련단계 : 호위사격술법 수련체계를 유단 수련자의 수련기간과 수준에 따라 지도하고 익히는 과정.

호위사격술법체계 : 권총 소총등 개인화기에 의한 사격술로 파지, 조준, 격발과 서서쏴 의탁쏴 낙선법쏴 차량승차 및 승하차시와 같은 다양한 사격자세등을 체계화한 기술

호위수족형법 : 경호대상을 호위술로 보호하며 하는 수족(족수)형법.

호위이방복식발차기 : 경호대상자를 호위술로 보호하며 차는 이방복식발차기.

호위잡기법 : 경호대상이 위험에 노출된 찰나의 상황에서 경호대상의 신체 및 생명을 보호하기

위해 신체의 일부 또는 접부를 신속 정확하게 잡는 기술.

호위전환선법발차기 : 경호대상자를 호위술로 보호하며 차는 전환선법발차기.

호위특기술 :　상대에게 과도한 통증이나 상처를 남기지 않을 수 있으며 고의성에 대하여 본인이나 제3자에 의하여 증인이나 증거가 잘 남지 않게 하는 기술과 경호대상이 위험에 노출된 경우 순간의 위험으로부터 보호될 수 있도록 하는 기술

호위특기술법 : 보디플스아웃기법, 탈출해제법, 진로개척법, 저지방어법, 연결방어법, 육탄방어법 등의 기술.

호위특기술법수련단계 : 호위특기술법 수련체계를 유급자 또는 유단 수련자의 수련기간과 수준에 따라 지도하고 익히는 과정.

호위특기술체계 : 일반적인 호신술과 달리 상대방을 제압하는 기술이 아니라 저지하는 수준에서 보디플스아웃기법(밀어제끼 걸어당겨제끼는기술)과 같은 테크닉을 이용하는 기술이다. 상대에게 과도한 통증이나 상처를 주지 않게 최소화 하여 공격이 상대에게나 제3자에게 노출되지 않도록 자연스럽게 제압하는 특기술로 체계화 한 기술.

호위특수발차기 : 경호대상자를 호위술로 보호하며 힘껏 도약하여 차는 특수발차기.

호위호신술 : 위해 기도자의 수족 또는 각종 무기에 의하여 공격 받을 때 경호대상과 자신의 신체 및 생명을 보호하는 여러 형태의 방어기술.

호위호신술법체계 : 위해자의 공격으로부터 자신과 경호대상에 대한 신체 및 생명을 보호하기위해 방어하는 기술로서 기본해제술, 기본호신술, 혼용 및 응용호신술,무기술,특기술, 호위호신술등으로 체계화한 기술.

호위호신적강화 : 자기 자신을 포함하여 경호대상자의 신체 및 생명을 보호하고 지켜줄 수 있는 능력의 수준이나 정도를 더 높임.

호위호신피난술 : 위해기도시 위해를 방어 하고 경호대상을 감싸 보호하여 신속히 위험 지역을 이탈하여 안전지대로 피난하는 것으로서 인위적 또는 자연적 은폐 및 엄폐물을 최대한 활용하고 공격수단의 유효거리로부터 안전을 최단시간 내에 확보하는 긴급피난조치 기술.

혼용기본해제술 : 기본해제술 13수를 혼용하여 하는 호신술. 예-1번하고 5번

혼용기본호신술 : 기본호신술 15수를 혼용하여 하는 호신술기술. 예-1번하고 5번

혼용낙법 : 기본 낙법을 혼용해 두 번 연속 하거나 최초 낙법을 시도 하다 착지지점에 위험이 있을 경우 순간 최초낙법동작의 자세를 바꿔 다른 낙법으로 착지 하는 낙법기술. 예-전방낙법 하고 후방낙법, 전방낙법 하려다 후방낙법.

혼용낙선법 : 서로 다른 낙선법을 연결해 취하는 기술

혼용단계 : 기본원리가 되는 기법을 복수기술로 연결해 수련하는 기술.

혼용막기자세 : 상대 공격의 방향과 높낮이에 따라 수팔 막기를 동시 또는 좌우 수팔로 상황에 맞게 혼용하여 막기자세를 수련함.

혼용복식막기자세 : A, B형 기본수팔막기를 상,중,하,아래 방향으로 좌우로 막는 기술. 예-왼손상단 막고 오른손 하단 막기.

혼용복식발차기 : 한발을 이용해 서로 다른 발차기 기술로 2회 연속으로 차는 기술.

혼용복식베기 : 두 가지 베기술을 한번씩 연결해 베고 베기로 두 번 베거나 찌르고 베기, 치고 베기, 찍고 베기 등으로 결합혼용.

혼용복식보디플스아웃기법 : 다른 기술을 혼용하여 두 번 시도하는 보디플스아웃 기술.

혼용복식치기자세 : 상중하 방향으로 또는 정권과 수도 좌우수로 한번씩 두 번 치는 기술. 예-하단배정권치고 상단배수도치기.

혼용선법 : 기본 선법을 혼용해 두 번 연속 하거나 최초 선법을 시도 하다 일어서는 지점에 위험이 있을 경우 순간 최초 선법동작의 자세를 바꿔 다른 선법으로 일어서는 선법기술. 예-전방선법 하고 후방선법, 전방선법 하려는 기술.

혼용전환선법 : 기본전환선법을 두가지 연속으로 혼용하는 기술로 경호무술수련시 일반적으로 가장 많이 쓰이는 위치이동과 방향전환을 하는 자세.

혼용제압 : 꺾기, 비틀기, 조르기, 누르기의 기술을 동시에 구사 하거나 초기시도가 실패로 끝날 경우 다른 기술을 구사하거나 두 곳의 제압부위를 동시에 제압하는 기술.

혼용치기자세 : 치기공격의 방향과 높낮이를 조절하여 치기를 동시 또는 좌우로 치기를 혼용 하여 수련함.

혼용하단복식발차기 : **한발을 이용해 하단발차기 순서를 혼용해 각1회씩 2회 연속 으로 차는** 기술.

회전측방낙법 : 몸의 중심이 측면으로 기울어져 넘어지는 상황에서 최대한 몸의 평형을 측면 으로 유지해 착지하는 기술

횡(멀리점프)전낙선법 : 멀리 뛰어 올라 장애물을 넘어 안전하게 착지해 서는 기술.

후방 : 평후와 같이 발의 이동은 같으나 평후와 달리 발이 한발 한발 따로 후진이동 하는 것이 아니라 두발이 동시에 최초 보폭 크기만큼 뒤로 후진 이동하여 서는 자세. 두발 후진 이동시 몸의 중심을 앞으로 하여 마치 뛰는 듯 하게 두발을 이동 함.

후방(혼용)후진발차기 : 후방(평수)스텝으로 뒤로 빠지며 한발로 연속해서 차는 발차기.

후방낙법 : 두 손팔을 하방 45°로 빼 두 팔로로 지면을 착지하여, 1차 충격을 완화시킨 후 이어 등을 지면에 착지시켜 2차 충격을 흡수한 다음 두발을 뒤로 넘겨 무릎을 곧게 펴 무릎으로 얼굴을 치지 않도록 주의 하면서 충격을 완화 시키는 기술

후방낙선법 : 뒤로 굴러서는 낙선법 기술.

후방낙호법 : 낙호법 시도자가 경호대상의 신체를 감싸거나 붙잡고 뒤로 넘어져 착지 하거나 굴러 착치 하는 기술.

후방선법 : 뒤로 일어나는 서기 기술.

후방선호법 : 경호대상을 뒤에서 일으켜 세우는 기술.

후방수선법 : 누운 상태에서 뒤로 굴러 두발을 대고 두 손을 짚고 밀어 두 팔의 힘을 이용해 일어서는 기술.

후방양족선법 : 누운 상태에서 뒤로 굴러 두 발을 펴 지면에 대고 일어서는 기술.

후방역수선법 : 누운 상태에서 두 손을 머리 위로 올려 지면에 짚고 두발을 뒤로 구르듯 위로 올리는 반동을 이용해 두 팔을 힘껏 밀어 몸을 들어 올려 물구나무선 상태에서 두발이 앞으로 착지하게 역으로 일어서는 기술.

후방유도낙호법 : 경호대상이 자신의 신체 뒷부분으로 지면에 착지 할 수 있도록 하는 유도법 기술.

후방일족선법 : 누운 상태에서 뒤로 굴러 한 발을 펴 지면에 대고 일어서는 기술.

후방측선법 : 누운 상태에서 고개를 한쪽으로 돌리고 돌린 쪽의 반대편 팔을 쭉 편 상태로 뒤로 굴러 오른 어깨와 팔을 타고 몸을 측면으로 넘겨 일어서는 선법.

후방호위낙선법 : 경호대상과 함께 뒤로 구르거나 착지하여 일어서는 기술.

후방후진연결발차기 : 뒤로 빠지며 양발로 하단, 단식, 복식 발차기를 혼용하여 연속해서 차는 발차기.

힘의생성 : 외적으로 분출 시킬 수 있는 힘을 내적으로 형성시키는 것.

장명진 ────────────────────────────────

- 사단법인 한국경호무술진흥회 회장
- 전통무예원류적통자 모임 간사
- 장명진경호무술원 총원장
- 국무총리실 국가재난관리본부 자문위원
- 초당대학교 경호학과(경호무술) 겸임교수
- 고려대학교 사범대학원 석사과정(경호무술) 강사
- 선문대학교 무도학과, 충청대학 태권도학과(경호무술) 강사
- 국립경찰대학 수사보안연수소(경호무술/경호전략) 강사
- 중국연길시공안국 보안전문대학교 명예교수
- 한서대학교, 서일대학 사회교육원 경호학과(경호무술) 강사
- KBS아카데미 경호원 양성과정(경호무술) 강사
- 사단법인 한국무예포럼 운영위원
- 주식회사 탐경(경호회사) 대표이사
- 국제경호아카데미 원장
- 국제경호협회 회장
- 한국안전교육학회, 한국경호경비학회 운영위원
- 사단법인 한국경비협회 신변보호분과 운영위원
- 사단법인 한국직능단체총연합회 상임부회장
- 제10기 민주평화통일 자문위원(대통령)
- 윗몸일으키기(14,824회) 기네스기록 보유(1990년)
- 『경호무술』, 『경호실무』 저술(개정7권, 1994년~2011년)
- 『경호직무능력표준』, 『경호자격규정집』(2004년~2005년)
- 「경호산업문제분석과 발전방안에 관한 연구」 외 다수의 논문
- 대통령표창(2002년), 국무총리표창(2007년)

[무술입문 및 경호무술 창시보급]

7세에 무예 입문. 태권도, 택견, 합기도, 쿵푸 등을 수련하고 경호무술을 창시하는 등 40여 년간 무공을 쌓았다. 1986년 708특공대(경호부대) 복무 중 86서울아시안게임과 88서울올림픽 경호작전임무를 계기로 경호무술을 연구하기 시작해, 1992년 정립한 경호무술을 국내 최초로 설립된 국제경호아카데미에서 경호원양성 교육과정으로 지도하기 시작하였다. 이후 대학(교) 경호무술학과 및 경호학과와 관련학과에 보급하였다. 1996년 국내최초로 인터넷 경호무술강좌를 시작으로 초 · 중 · 고등학생 및 일반인 대상으로 경호무술원을 개원하여 전국에 보급하고 있다. 또한 중국, 미국, 남미지역에 해외지부를 두고 세계화 중에 있으며, 국내외 주요 방송매체를 통해 크게 주목받고 있다.

경호무술 1992 警護武術

경호무술규정

9

초 판 인 쇄| 2012년 1월 2일
초 판 발 행| 2012년 1월 2일

지 은 이| 장명진
펴 낸 이| 채종준
펴 낸 곳| 한국학술정보㈜
주　　소| 경기도 파주시 문발동 파주출판문화정보산업단지 513-5
전　　화| 031) 908-3181(대표)
팩　　스| 031) 908-3189
홈 페 이 지| http://ebook.kstudy.com
E-mail| 출판사업부　publish@kstudy.com
등　　록| 제일산-115호(2000. 6. 19)

ISBN　　978-89-268-2202-9 14690 (Paper Book)
　　　　978-89-268-2203-6 18690 (e-Book)
　　　　978-89-268-2184-8 14690 (Paper Book Set)
　　　　978-89-268-2185-5 18690 (e-Book Set)

 는 한국학술정보(주)의 지식실용서 브랜드입니다.